Heinrich Missalla

# »Gott mit uns«

Die deutsche katholische
Kriegspredigt 1914-1918

Heinrich Missalla

# »Gott mit uns«
## Die deutsche katholische Kriegspredigt 1914-1918

Neu herausgegeben
im Auftrag von
pax christi

edition pace

Die Erstausgabe dieses Buches
ist 1968 im Kösel-Verlag München erschienen.
Diese Neuausgabe (zuerst 2014: www.paxchristi.de)
wird dargeboten mit freundlicher Genehmigung
des Autors und des Kösel-Verlages.

Alle historischen Illustrationen
zu dieser Ausgabe sind entnommen
einem ab 1917 weit verbreiteten Hausbuch:
*Johann Leicht* (Hg.): Sankt Michael. Ein Buch
aus eherner Kriegszeit, zur Erinnerung, Erbauung
und Tröstung für die Katholiken deutscher Zunge.
Würzburg-Berlin-Wien: Deutscher
Sankt-Michaels Verlag 1917 / 1918.

© 2018

Heinrich Missalla
*»Gott mit uns«*
Die deutsche katholische
Kriegspredigt 1914-1918.
Neu herausgeben im Auftrag von pax christi.

edition pace 2

Satz & Gestaltung: Peter Bürger
Herstellung & Verlag: BoD – Books on Demand, Norderstedt
ISBN: 978-3-7528-1568-9

# Inhalt

# Vorwort

Professor Theodor Filthaut hatte sich in den letzten Jahren mehr und mehr mit kritischen Analysen des gegenwärtigen kirchlichen Lebens beschäftigt und in dieser Richtung Arbeitsthemen gestellt. Er war der Überzeugung, daß eine auf die Zukunft hin orientierte Verkündigung der Glaubensbotschaft einen offenen und kritischen Blick für die Gegenwart und ihre Vergangenheit voraussetze. Mehrfach ging er – über die Seminare hinaus – mit einigen Mitarbeitern besonders drängenden Fragen nach, vor allem im Bereich der Glaubensunterweisung. Die Ergebnisse liegen zum Beispiel in den Bändchen »Israel in der christlichen Unterweisung«[1] und »Politische Erziehung aus dem Glauben«[2] vor.

Im Januar 1966 griff er die Frage auf, ob, in welcher Weise und in welchem Maße die Predigten der vergangenen hundert Jahre politisch geprägt waren. Das Resultat dieser Untersuchungen, die von mehreren Doktoranden durchgeführt wurden, führte zu dem Plan, die Beiträge in einem Sammelband zu veröffentlichen, dem Professor Th. Filthaut einige grundsätzliche Überlegungen zum Problem der politischen Predigt voranstellen wollte.

Sein plötzlicher Tod machte diesen Plan zunichte. Mehrere Historiker und Theologen waren jedoch der Meinung, daß die hier vorliegende Arbeit der Öffentlichkeit zugänglich gemacht werden sollte, zumal auch in katholischen Kreisen die Diskussion um das Problem einer »politischen Theologie« stärker wird[3].

Der fragmentarische Charakter dieser Untersuchung ist nicht zu übersehen. Sie war von Anfang an als Teil einer umfassende-

---

[1] München 1963.

[2] Mainz 1965.

[3] Vgl. *J. B. Metz*, Zum Problem einer »politischen Theologie«, in: Kontexte Bd. 4, hrsg. von *H. J. Schultz*, Stuttgart-Berlin 1967, 35-41; *ders.*, Religion und Revolution, in: Neues Forum XIV (1967) 461-464; *ders.*, Zur Theologie der Welt, Mainz-München 1968, besonders 99-146.

ren Studie gedacht und als Referat konzipiert. Die Kurzdarstellung der katholischen Predigt zu Krieg und Frieden von 1914-1918 hätte sich zwar weiter ausbauen lassen. Doch einmal waren die Verhältnisse des Autors einem solchen Unterfangen nicht günstig, zum anderen hätte eine Untersuchung weiteren Materials vermutlich keine entscheidend neuen Aspekte ergeben. Zudem bedürfte die Situation der deutschen Katholiken zu Beginn dieses Jahrhunderts, die zu einer gerechten Würdigung der damaligen Predigten nicht unerheblich wäre, einer eigenen umfassenden Untersuchung.

Diese kleine Arbeit wird der Öffentlichkeit in einem Augenblick vorgelegt, da die Christen mehr denn je gefordert sind, sich um Frieden, Versöhnung und Solidarität unter den Völkern zu bemühen. Die Kenntnisnahme von Predigten aus der Zeit des Ersten Weltkrieges, mit dem »ein neues revolutionäres Zeitalter eingeleitet« wurde[4], könnte zu einer Kritik an der Predigt und zu einer Besinnung über die kritische Funktion der Predigt Anstoß geben.

Münster, im März 1968          Heinrich Missalla

---

[4] *G. Schwaiger*, Geschichte der Päpste im 20. Jahrhundert (= dtv 481), München 1968, 78.

# Einleitung

**Vorwärts in Gottes Namen!**

Als die deutschen Truppen im Juli 1914 unter dem Jubel der Bevölkerung, dem Läuten der Glocken und oft auch unter dem Segen und den Gebeten der Kirche zum Kampf ausrückten[1], hat wohl kaum jemand ahnen können, daß nur wenige Jahre später die Frage nach den Ursachen dieses Krieges »zu den umstrittensten der neueren Historiographie«[2] gehören würde. Die Diskussion wurde nicht zuletzt durch das Verhalten der siegreichen Alliierten ausgelöst, die im Artikel 231 des Versailler Vertrages Deutschland die Alleinschuld am Kriege unterschoben. Heute

---

[1] In Bamberg zum Beispiel geleiteten Pfarrer im Ornat die Soldaten zum Bahnhof, segneten die Abfahrenden, »und in das Hurra und das Deutschland, Deutschland über alles schwenkten die Kirchenfahnen«: Kölnische Volkszeitung, Morgenausgabe, Nr. 817 (18. 9. 1914), zitiert in: Chrysologus 55 (1915) 63 unter dem Titel: »Gedanken und Anregungen für Kanzel und Verein«.

[2] *K. Sontheimer*, Weltkriege (II, I), in: Staatslexikon VIII, Freiburg ⁶1963, 530. Zur Klärung der Kriegsschuldfrage wurden u. a. die Zeitschriften »Die Kriegsschuldfrage« (1923-1928) und die »Berliner Monatshefte für internationale Aufklärung« (1929-1942) herausgegeben.

stellt man dagegen fest, daß »alle europäischen Hauptmächte durch eine Reihe von Verkettungen und Unterlassungen in diesen Krieg ›hineingeschlittert‹ (Lloyd George)« sind[3]. Die oft weit zurückliegenden Kriegsursachen hatten die Atmosphäre Europas vergiftet. Der Doppelmord von Sarajewo – »mehr ein Zufallsereignis«[4] – war schließlich der Anlaß, der, durch Ungeschicklichkeiten, Oberflächlichkeiten, mangelnde Entschiedenheit auf vielen Seiten, Prestige- und Machtfragen gefördert, zum Kriegsbrand führte, der nach G. Mann »etwas von Selbstentzündung an sich hatte«[5]. Alle Parteien glaubten sich im Recht, alle fühlten sich angegriffen, und alle fanden es »schön, angegriffen zu sein«[6]. »Jubel, Kriegswut und Kriegsfreude« beherrschten Europa. »Und Gott würde auf allen Seiten sein; und alle würden siegen«[7].

Auch und gerade das deutsche Volk, ausrückende Soldaten wie die oft nur ungern Zurückbleibenden waren »reinen Herzens«[8]. Bischof Michael von Faulhaber predigte: »Nach meiner Überzeugung wird dieser Feldzug in der Kriegsethik für uns das Schulbeispiel eines gerechten Krieges werden«[9]. Aber: »Daß die

---

[3] Ebd. 531.

[4] A. Randa (Hrsg.), Handbuch der Weltgeschichte, Olten-Freiburg 1954, III 2397.

[5] G. Mann, Deutsche Geschichte des XX. Jahrhunderts, Frankfurt 1958, 105.

[6] Ebd.

[7] Ebd.

[8] J. Bernhart, Kreuz und Schwert. Eine Feldpredigt, München 1914. Diese Predigt Joseph Bernharts ist ebenso wie seine andere Kriegspredigt »Wir treten zum Beten« als Einzeldruck auf je vier Seiten erschienen und enthält keine Seitenangaben. – Vgl. G. Mann, Deutsche Geschichte des XX. Jahrhunderts, 111.

[9] M. von Faulhaber, Waffen des Lichtes. Gesammelte Kriegsreden, Freiburg $^5$1918, 132. Diese Äußerung des Bischofs aus dem Jahre 1915 ist nicht nur interessant, weil sie lange nach der Verletzung der belgischen Neutralität gemacht wurde, sondern sie ist auch angesichts der neueren Diskussion über die damaligen deutschen Kriegsziele wichtig. Vgl. Deutsche Kriegsziele (= Ullstein-Buch Nr. 616), hrsg. von E. W. Graf Lynar, Frankfurt-Berlin 1964. – Wie schwer es in jenen Tagen war, zu einem sachlichen Urteil zu gelangen, mag man aus einer Äußerung F. W. Foersters erkennen: »Da ich aber doch wie die meisten meiner Landsleute damals von jeder objektiven Information ausgeschlossen war und nicht ahnen konnte, daß eine deutsche Regierung Hand in Hand mit der deutschnationalen Lügenpropaganda ging, so wird jeder Kenner der Atmosphäre, die damals

Politik nicht rein gewesen war, wußten sie nicht und wollten es auch später nicht wissen, als die Gelehrten es ihnen nachwiesen. Es stimmte nicht mit ihren eigenen Erlebnissen überein«[10].

In dieser Untersuchung wird der Frage nachgegangen, wie deutsche katholische Prediger sich in den Jahren von 1914 bis 1918 zum Krieg und zum Frieden geäußert haben. Sie dient zunächst ganz einfach der Kenntnisnahme dessen, was den Gläubigen im Rahmen der Verkündigung zu den Problemen von Krieg und Frieden gesagt wurde.

Ein Tag der Buße.

Doch wollten wir uns auf eine solche Kenntnisnahme vergangener Äußerungen beschränken, so wäre der Einwand schwer zu widerlegen, diese Arbeit entspringe lediglich einer unfruchtbaren historischen Neugierde. Angesichts der Ergebnisse dieser

---

herrschte, nur zu gut begreifen, daß ich erst durch einen längeren Aufenthalt in der Schweiz sowie durch die dortige Begegnung – nicht nur mit ausländischen Gesinnungsgenossen, sondern auch mit deutschen militärischen Freunden (1915/16) – abwarten mußte, bevor ich auf Grund dokumentarischen Studiums des wahren Sachverhaltes zu objektiver Feststellung des Geschehens kommen konnte«. Programm einer Lebensarbeit. Eine Schrift von und über Friedrich Wilhelm Foerster, Freiburg-Basel-Wien 1961, 90.

[10] *G. Mann*, Deutsche Geschichte des XX. Jahrhunderts, 111.

Untersuchung könnte auch der Vorwurf erhoben werden, mit ihrer Veröffentlichung wolle der Referent die heute vielerorts geübte Kritik an der Kirche um ein weiteres Kapitel bereichern. Da im Hinblick auf das vorliegende Material ein solches Mißverständnis sich einstellen kann, muß das Ziel dieser Arbeit noch ein wenig näher umschrieben werden.

Wie immer man das Verhältnis des Christen zur Welt im einzelnen bestimmen und in welchen Formen das Weltverhältnis des Christen sich auch ausgeprägt haben mag[11], so kann man doch feststellen, daß die Verantwortung des Christen für die Welt heute insgesamt stärker betont wird als in früheren Zeiten. Gleichzeitig stellen wir jedoch eine weitverbreitete Müdigkeit der Christen fest, eine trotz vieler guter Ansätze noch bedrückende Gleichgültigkeit gegenüber dem politischen Leben. Das wird oft auf das Unvermögen vieler Gutwilliger angesichts der schwer durchschaubaren Verhältnisse unserer Gesellschaft und auf das dadurch bedingte Gefühl der Ohnmacht gegenüber der Weltentwicklung, oft aber auch auf das Versagen und Sichverschließen des einzelnen zurückzuführen sein. Es ist aber auch möglich, daß ein mangelndes Interesse seinen Grund in einer Erziehung und Unterweisung hat, die zu wenig darauf bedacht waren, das Wissen um die Verantwortung für das politische Leben zu vermitteln und den Willen zum Engagement zu stärken, oder daß, falls eine solche Bereitschaft gefördert wurde, dies in einer Weise geschah, die wir heute als unzulänglich oder gar als verfehlt erkennen. Schließlich dürfte das theologisch nicht genügend geklärte Verhältnis von »Kirche und Welt« zu jenen Unsicherheiten führen, die wir heute weithin beobachten können.

Diese Untersuchung über einen kleinen Sektor vergangenen kirchlichen Wirkens geschieht um der Gegenwart willen und soll unter anderem einen Hinweis auf eine der möglichen Ursachen für die gegenwärtige vielschichtige Problematik des Weltverhältnisses katholischer Christen in Deutschland geben, ohne daß

---

[11] Vgl. A. *Auer*, Gestaltwandel des christlichen Weltverständnisses, in: Gott in Welt. Festgabe für Karl Rahner, hrsg. von *J. B. Metz, W. Kern, A. Darlapp, H. Vorgrimler*, Freiburg-Basel-Wien 1964, I 333-365.

die hier zitierten Autoren an den Maßstäben der Gegenwart gemessen werden. Die Vergangenheit und die vor über 50 Jahren gehaltenen Predigten werden hier nicht um ihrer selbst willen bedacht; sie werden vielmehr auf die ihnen zugrundeliegende Weise des Denkens und auf dessen Auswirkung hin befragt, die auch heute noch nicht völlig überwunden sind. Die kritische Auswertung des vorgelegten Materials wird die Konsequenzen für die Gegenwart aufzeigen.

Die Arbeit unterliegt von vornherein einer strengen Beschränkung. Aus der fast unübersehbaren Fülle der religiös-erbaulichen Kriegsliteratur des deutschsprachigen Raumes sind lediglich die Predigten ausgewählt worden, die innerhalb des Gebietes des damaligen Deutschen Reiches gehalten oder konzipiert wurden. So wurden aus der österreichischen »Wochenschrift für homiletische Wissenschaft und Praxis«[12] nur die deutschen Autoren zitiert. Das war um so leichter, als bei fast allen Verfassern der Wohnort mit angegeben ist. Nicht alle damals im Druck erschienenen Predigten konnten beschafft und zur Auswertung herangezogen werden. Doch das zur Verfügung stehende Material umfaßt den größeren Teil der in jenen Jahren erschienenen Vorlagen und darf somit die Basis für ein Urteil abgeben.

Einige Bemerkungen scheinen noch wichtig, um zu einer gerechten Wertung der Predigten zu kommen:

Die hier in Frage kommende katholische Predigtliteratur ist – entsprechend der größeren Bedeutung, die in der evangelischen Kirche dem Wort zugemessen wird – bei weitem nicht so umfangreich wie das evangelische Material, das 1914 etwa zehnmal, ab 1915 gut fünfmal so umfangreich ist wie das katholische Angebot[13]. In der ersten Februar-Nummer 1915 der »Homiletischen

---

[12] Wien 1908 ff. (Abk.: Hom. Wiss.).

[13] Die Angaben in »Hinrichs' Halbjahrs-Katalog der im deutschen Buchhandel erschienenen Bücher, Zeitschriften, Landkarten usw.« (232.-241. Fortsetzung, Leipzig 1914 bis 1919. Ab 1916: Halbjahrsverzeichnis der im deutschen Buchhandel erschienenen Bücher, Zeitschriften und Landkarten) und im »Deutschen Bücherverzeichnis« (Graz 1962, Bd. 3, 1911-1914; Bd. 6, 1915-1920. Photomechanischer Nachdruck der Ausgabe von Leipzig 1920 bzw. 1924) stimmen

Wochenschrift« werden von einem Referenten 112 katholische Titel von Kriegsschriften mit religiösem Charakter gezählt, »von denen 62 Predigten und 50 Kriegs- und Soldatenbücher asketischer Art waren«[14], ohne die Zeitschriftenliteratur, »die nun allesamt auf den Krieg eingestimmt« war[15].

Den 45 als Kriegs- oder Feldpredigten gekennzeichneten Vorlagen von 1915-1918 stehen für den gleichen Zeitraum etwa 100 »normale« Predigtausgaben gegenüber, einschließlich der Gelegenheitspredigten zum Aloysiusfest oder der Schulentlassung[16]. Die Auflagenhöhe einzelner Schriften mag man an den »Feldbriefen« von Heinrich Mohr (Freiburg) erkennen, deren jeder 16 Seiten umfaßt und die in gut einem halben Jahr in über 600.000 Exemplaren gedruckt wurden. Dazu verfaßte H. Mohr Feldpredigten unter dem Titel »Die Stimme der Heimat«, wöchentlich je 4 Seiten, die 1916 gesammelt als Buch erschienen: »Gottesstreiter.« Die »Stimme der Heimat« ist zwischen Septuagesima und Advent 1915 in mehr als 6 Millionen Exemplaren ins Feld gekommen[17]. In »Hinrichs' Halbjahrs-Katalog« 1917/11 werden nur

---

nicht völlig überein, wohl darum, weil Predigten und Vorträge sich nicht immer eindeutig unterscheiden lassen. So notiert Hinrichs für 1914 17 katholische und über 170 evangelische Titel mit Predigten (1914, 2. Hälfte, Register 204-206), für 1915 52 katholische und etwa 290 evangelische Titel (1915/1, Register 196-199; 1915/11, Register 176-179). Das »Deutsche Bücherverzeichnis« zählt für 1914 16 katholische und 55 evangelische Sammlungen von drei und mehr Predigten, dazu 127 evangelische Einzelpredigten (Bd. 3, 1781-1784), für 1915-1918 45 katholische und etwa 200 evangelische Predigthefte und -bücher (Bd. 6, 1812-1815), ohne die zahlreichen Einzelpredigten. Dazu kommen noch je 250 katholische und evangelische Erbauungsschriften zum Krieg und etwa 350 Titel mit Predigten und Ansprachen aus besonderem Anlaß (zum Beispiel Vereidigung, Begräbnis von Soldaten, Fahnenweihe). – Nach Fertigstellung dieser Untersuchung erschien die umfangreiche Arbeit von *W. Pressel*, Die Kriegspredigt 1914 bis 1918 in der evangelischen Kirche Deutschlands, Göttingen 1967.

[14] Hom.Wiss.IX (1914/15) 315.

[15] Ebd.

[16] Deutsches Bücherverzeichnis, Bd. 6, 1196-1198.

[17] Vorwort zum Gottesstreiter, Kempten-München 1916. Vgl. auch *G. Pfeilschifter*, Seelsorge und religiöses Leben im deutschen Heere, in: Deutsche Kultur, Katholizismus und Weltkrieg. Eine Abwehr des Buches La Guerre Allemande et le Catholicisme, hrsg. von *G. Pfeilschifter*, Freiburg 1915, 235-268, hier 258.

noch eine Kriegspredigt und zwei Feldpredigten angezeigt[18]. Damit werden die zunehmende Ernüchterung und Zurückhaltung im Fortgang des Krieges deutlich. Sofern der Krieg in den Predigten des letzten Kriegsjahres überhaupt noch erwähnt wird, geht es fast ausschließlich um Trost und Mahnung zu Geduld und Gottvertrauen.

In dieser Arbeit sind vor allem die von ihren Verfassern als »Kriegspredigten« bezeichneten Schriften berücksichtigt, die für die Zeit des Ersten Weltkrieges und nach den im »Deutschen Bücherverzeichnis« (Band 3 und 6) aufgeführten Titeln etwa ein Viertel der gesamten damals angebotenen homiletischen Literatur ausmachen. Das heißt natürlich nicht, daß die »normalen« Predigten sich nicht in dieser oder jener Weise auf den Krieg beziehen.

Die Zahlenangaben betreffen nicht die Predigtvorlagen der homiletischen Zeitschriften, deren Vorschläge für die Sonntagspredigten sich zum größten Teil auf die Glaubensverkündigung im weiteren Sinne und im Stil der damaligen Zeit beschränken und denen die Not der Zeit oft lediglich den Anlaß zum Aufgreifen von Glaubens- und Sittenfragen bietet. Die in den Zeitschriften angebotenen Predigtvorschläge, die sich mit der Kriegsfrage beschäftigten, sind dort in der Regel als »Gelegenheitspredigten« aufgeführt und bilden nur einen kleinen Bruchteil der übrigen Vorlagen, lassen jedoch an Deutlichkeit nichts zu wünschen übrig.

Es soll nicht behauptet werden, außer den hier zitierten Äußerungen habe es keine anderslautenden Kommentare zum Krieg und zum Frieden gegeben. Sie sind dem Referenten jedoch in der zur Verfügung stehenden Predigtliteratur nicht begegnet. Es ist nicht festzustellen, in welchem Maße die von den Verlagen und Zeitschriften angebotenen Predigthilfen vom Klerus benutzt worden sind, ebensowenig, ob die tatsächlich gehaltenen Predigten vom gleichen Geist geprägt waren wie das hier vorgelegte Material[19]

---

[18] Register 44; 20.

[19] Der Referent hat einige ältere Priester auf die von ihnen im Ersten Weltkrieg

Es ist auch nicht zu erkennen, ob und warum viele Priester zum Kriegsproblem geschwiegen haben, ob sie Ärgernis genommen haben an den Veröffentlichungen ihrer Mitbrüder und auch denen einiger Bischöfe, ob sie sich vielleicht sogar in ihren Predigten kritisch zum allgemeinen Trend auch innerhalb des deutschen Katholizismus geäußert haben. Diese wichtigen Fragen könnten nur nach einer Untersuchung des gesamten katholischen Schrifttums jener Zeit wenigstens annähernd beantwortet werden.

Zur Auswahl der Zitate sei vermerkt: Bevorzugt wurden die Stimmen der Bischöfe, die vor allem in den von Bischof Michael von Faulhaber verfaßten bzw. herausgegebenen Werken zu finden sind[20]. Wenn Persönlichkeiten wie der spätere Erzbischof und Kardinal Michael von Faulhaber, der Bischof Paul Wilhelm von Keppler oder auch angesehene Theologen der damaligen Zeit hier häufiger zitiert werden und ihr Bild um einen im allgemeinen weniger bekannten Zug bereichert wird, so sind damit ihre sonstigen Leistungen und Verdienste nicht in Frage gestellt. Zeigen doch die Reden auch dieser Männer, wie schwer es zuzeiten sein kann, sich ein unbefangenes Urteil zu bewahren oder zu einem solchen zu finden.

Die Äußerungen bekannter Theologen, die zwar nicht immer Predigten bieten, die jedoch als Autoritäten beim Klerus breiten Widerhall finden, werden mehrfach wiedergegeben. Das Antwortbuch auf die französisch-katholischen Anschuldigungen mit Beiträgen von prominenten deutschen Katholiken[21] wird ver-

---

gehaltenen oder gehörten Predigten befragt. Die Antworten reichten von einem bekümmerten Eingeständnis mit der Bitte um Verständnis für die damalige Situation bis hin zur leidenschaftlichen Leugnung, daß überhaupt in katholischen Kirchen im hier dargelegten Sinn gepredigt worden sei. In einem Fall wurde die Echtheit des Materials glatt bestritten.

[20] *Michael von Faulhaber* war von 1911-1917 Bischof von Speyer und Feldpropst der bayerischen Armee, seit 1917 Erzbischof von München und Freising. Seine Kommentare zum Ersten Weltkrieg bedeuten keine Schmälerung jener Verdienste, die der spätere Erzbischof sich als »Kämpfer gegen den Nationalsozialismus für die Rechte der Kirche und für die Menschenrechte« erworben hat (LThK[2] IV 41. Dort auch Literatur zur Person und zum Wirken *von Faulhabers*).

[21] Vgl. das Kapitel dieser Untersuchung über die Situation der deutschen Katho-

schiedentlich angeführt, da es den Predigern mancherlei Material liefert. Auch die Predigerzeitschriften wurden stärker berücksichtigt als einmalig erschienene Predigthefte und -bücher, weil Periodica mit einem festen Bezieherkreis und dessen Interesse an handgreiflichem Predigtmaterial möglicherweise einen größeren Einfluß ausüben als die auf dem freien Markt angebotenen Predigtwerke. Von letzteren wiederum sind hier jene besonders verwandt worden, die damals eine zustimmende Kritik erfahren haben. Dazu zählen zum Beispiel die Bändchen des Kapuziner-Paters Gaudentius Koch, die »von der gesamten Kritik, vor allem beim Hochwürdigsten Herrn Erzbischof Dr. Thomas Nörber von Freiburg günstig aufgenommen« wurden[22], wie auch die Entwürfe von A. Worlitschek, in denen Bischof von Keppler »einen wertvollen Beitrag« zur plötzlich so gefragten Kriegshomiletik sieht[23].

---

liken um 1914.

[22] *G. Koch*, Neue Fünfminutenpredigten, Regensburg 1918, 5.

[23] Aus der Anzeige des Verlages, in: *A. Worlitschek*, Krieg und Evangelium, Freiburg 1914, II 67. Vgl. auch die Besprechung in Hom. Wiss. IX (1914/15) 330, wo die Predigtvorlagen *Wortlitscheks* »die formell besten« genannt werden. Nach dem Chrysologus ist »die Stärke des Verfassers der frohe, stolze Lobgesang auf die Größe und Kraft, die das Christentum unserem Vaterland im Kriege verleiht«, wenngleich auch vermerkt wird, daß der religiöse Gehalt »in einigen Predigten zurücktritt«: 55 (1915) 573. Der Herder-Verlag will mit *Wortlitscheks* Predigten »geistiges Kommißbrot« anbieten: »Ein Meister des Worts voll Effekt und origineller Gedankenausprägung«. Es sei »ein wahrer Genuß«, seine Predigten zu hören (Werbeblatt). – Die Bonifatius-Druckerei, Paderborn, preist das Werk von *N. Peters*, Der Krieg des Herrn, als ein Buch »von bestrickender Pracht und unerschöpflicher Kraft« an. »Für den Klerus wird es eine ergiebige Quelle vorzüglicher Anregungen im Dienste der eloquentia sacra und ein ausgezeichnetes Hilfsmittel bei der Laien- und Militärseelsorge sein«. Auch diese Werbeblätter lassen etwas vom Geiste jener Tage verspüren.

Kyrie eleison.

# Zur Situation des deutschen Katholizismus um 1914

Vor der Darbietung der Predigttexte soll die Situation des deutschen Katholizismus um 1914 in groben Zügen skizziert werden. Eine solche Darstellung ist aus mehreren Gründen notwendig. Ohne eine angemessene Berücksichtigung der Zeitverhältnisse könnten viele Äußerungen damaliger Prediger als eine Art Blütenlese verstanden werden, die heute nur noch Erheiterung oder auch Ärger erregt, vielleicht auch nur ein verständnisloses Kopfschütteln hervorruft. Eine wenn auch nur bruchstückhafte Kenntnis der Verhältnisse jener Jahre wird zwar nicht alles verständlich machen, aber doch ein kurzschlüssiges Urteil verhindern. Man kann nämlich erkennen, daß die berufenen Verkünder der Glaubensbotschaft keine im damaligen Katholizismus singulären Meinungen vertreten, sondern eher eine auch im katholischen Volksteil verbreitete Auffassung wiedergeben. Allerdings fordert diese Feststellung wiederum die Frage heraus, wie es zu solcherart Meinungen und Auffassungen kommen konnte und ob nicht eine bestimmte Weise des Glaubens- und Kirchenverständnisses ein für uns Heutige befremdliches Verhältnis zur Gesellschaft, zum Staat und zur Politik geprägt hat.

Mit etwa einem Drittel der Gesamtbevölkerung stellten die Katholiken eine zahlenmäßig starke Minderheit des deutschen Volkes dar, die – aus welchen Gründen auch immer – in den führenden Schichten und Gremien des Reiches nur spärlich vertreten war. Der Einfluß auf die Politik und auf das Heereswesen, auf die Wissenschaft und auf die Wirtschaft war gering. Die kulturelle Gesamtatmosphäre war trotz einiger hoffnungsvoller Erscheinungen »stickig und selbstgenügsam«. Es gab nur weniges, was im außerkatholischen Bereich Beachtung fand. »Die Anpassung an die Talmi-Kultur des Wilhelminischen Zeitalters mit ihrer Mischung von dürftiger Fortschrittsgläubigkeit und materialistischer Protzerei bestimmte auch weithin den Tenor des innerkatholischen Lebens«[1].

Der Kulturkampf im 19. Jahrhundert hatte unter anderem zur Folge, daß ein beträchtlicher Teil des deutschen Volkes kein rechtes Verhältnis zum Staat gewann und sich den wachsenden Aufgaben in Staat und Gesellschaft nur ungenügend stellte[2]. Ein Grund für eine solche distanzierte Haltung seitens mancher Katholiken mag darin gelegen haben, daß das neue Kaisertum der Könige von Preußen sich als Antithese zu den katholischen Habsburgern in Wien bewußt und betont evangelisch gab und auch so verstanden wurde. Man sah in der evangelischen Ausgestaltung der Kaiserproklamation zu Versailles die »Niederlage der katholischen Präsidialmacht im Deutschen Bund« von 1866 besiegelt[3]. Der »Evangelische Bund«, der die deutsch-protestantischen Interessen pflegte, dem »Romanismus« und »politischen Katholizismus« entgegenwirken und die »falschen Paritäts- und Toleranzbegriffe« abwehren wollte, wirkte für eine Wiederbelebung der reformatorischen Kräfte, »wobei eine gefährliche Gleichsetzung von evangelischem Bekenntnis und Hohenzollernmonarchie, von deutsch und protestantisch, von katholisch und reichsfeindlich oder national wenig zuverlässig nicht vermieden ... wurde«[4]. So konnte der Zentrumspolitiker Matthias Erzberger sagen: »Dem Katholiken im Reiche geht es wie Deutschland in seiner Auslandspolitik: nur Neider und Feinde, auch Hohn und Spott«[5].

---

[1] H. Lutz, Demokratie im Zwielicht. Der Weg der deutschen Katholiken aus dem Kaiserreich in die Republik 1914 bis 1925, München 1963, 19; vgl. ders., Die deutschen Katholiken in und nach dem ersten Weltkrieg, in: Hochland 55 (1962/63) 193-116.

[2] Vgl. Kirche und Staat. Von der Mitte des 15. Jahrhunderts bis zur Gegenwart (= dtv 238/39), hrsg. von H. Raab, München 1966, 116.

[3] Kirche, Staat und Katholiken. Dokumentation 1803-1967, hrsg. von O. E. Kress, Augsburg 1967, 19.

[4] Kirche und Staat, 116 f.

[5] Zitiert nach H. Lutz, Demokratie im Zwielicht, 20.

Die »Borromäusenzyklika« vom 26. Mai 1910 mit ihren die Protestanten verletzenden Äußerungen und das Motuproprio »Sacrorum Antistitum« vom 1. September 1910, durch das sich die Liberalen herausgefordert fühlten, gaben jener Gruppe neue Argumente, welche »die katholische Religion als undeutsch und vom Ausland bestimmt, hingegen den Protestantismus allein als national zuverlässig« ansah[6].

Die mit dem Modernismusstreit verbundene innerkirchliche Unsicherheit steigerte andererseits »in Episkopat, Klerus und Laien die Neigung zu einer Praxis weitgehender Konformität mit der staatlichen Gewalt. Die Alternative von ›Romhörigkeit‹ und ›Staatskatholizismus‹ war zwar nicht zwingend und nicht allgemein. Aber in den beiden Schlagwörtern drückt sich doch eine echte innerkatholische Schwierigkeit der Zeit aus«[7].

Obwohl man das Zentrum nicht mit den Bestrebungen des Katholizismus identifizieren darf, so ist es doch wohl erlaubt, in ihm einen breiten Strom damaligen katholischen deutschen Wollens repräsentiert zu sehen[8].

Es ist verständlich, daß die Katholiken nach den vielfachen Verdächtigungen hinsichtlich ihrer Reichstreue danach strebten, ihre Zuverlässigkeit in nationalen Belangen darzutun. Der Trend der Anpassung des Zentrums an die Reichspolitik zeigte sich etwa in der Zustimmung zum Flottengesetz und dessen »fast chauvinistischer Verteidigung«[9]. Die nationale Idee des Deutschtums schien zumindest für eine gewisse Zeit zu triumphieren. »Der Drang der deutschen Katholiken nach nationaler Integration ließ ihre universalen Bindungen immer mehr in den Hintergrund treten«[10]. Die katholischen Abgeordneten im Reichstag praktizierten, was häufig auch in den Kirchen betont wurde:

---

[6] *H. Buchheim*, Geschichte der christlichen Parteien in Deutschland, München 1953, 318.

[7] *H. Lutz*, Demokratie im Zwielicht, 19.

[8] Vgl. ebd. 17.

[9] Kirche, Staat und Katholiken, 27.

[10] Ebd. 28.

man wollte sich an nationaler Gesinnung von niemandem mehr übertreffen lassen[11].

Tedeumsakkorde am „Silvester".

Was sich in den Jahren vor dem Krieg abzeichnete, nämlich die Hinwendung zur nationalstaatlichen Idee, erreichte während des Ersten Weltkrieges seinen Höhepunkt. Einmütig bejahten die Katholiken den Krieg und erhofften sich von ihm und den in ihm gebrachten Opfern »ihre endgültige nationale Rehabilitation«[12]. Doch mag diese Erwartung ein Motiv dafür gewesen sein, sich wiederholt zu einer »starken Monarchie« zu bekennen, so dürfte es darüber hinaus einen wichtigeren, weil tiefer reichenden Grund geben, der für das Verhältnis der Katholiken zum Staat, insbesondere zu den Königs- bzw. Kaiserhäusern, bestimmend gewesen ist. Dieses Verhältnis ergab sich aus einem Seinsverständnis, das die Welt als Natur und nicht als Geschichte begriff.

---

[11] Vgl. auch den Hirtenbrief der deutschen Bischöfe zu Allerheiligen 1917, in: Deutschland und der Katholizismus. Gedanken zur Neugestaltung des deutschen Geistes- und Gesellschaftslebens, hrsg. von *M. Meinertz* und *H. Sacher*, 2 Bde., Freiburg 1918, I 429-446, besonders 432.
[12] *H. Lutz*, Demokratie im Zwielicht, 21.

Einem solchen Seinsverständnis entsprechend fand man die Ordnung des Kosmos in der Ordnung der Gesellschaft widergespiegelt und legte auch das vierte Gebot folgerichtig als Anerkennung einer solchermaßen vorgegebenen Ordnung aus. Diese Auffassung mit den sich daraus ergebenden Folgerungen ist dem katholischen Volksteil durch den Katechismusunterricht eindringlich vermittelt worden.

So liest man in einem weitverbreiteten Katechismus: »Wir finden in der ganzen Schöpfung eine gewisse Abhängigkeit der einen Wesen von den andern: der Mond ist abhängig von der Erde, die Erde und die anderen Planeten von der Sonne; das Mineralreich dient dem Pflanzenreich, dieses wieder dem Thierreich und alles dem Menschen. Ja wir finden selbst unter den Thieren, daß die einen den andern untergeordnet sind: die Bienen stehen unter der Herrschaft einer Königin, die Vögel in der Luft, die wilden Thiere in den Urwäldern, die Fische im Wasser haben ihre Anführer und stehen gleichsam unter einem militärischen Commando. Selbst an unserem Körper bemerken wir, daß einige Glieder herrschen, andere aber untergeordnet sind. Auch in der Geisterwelt finden wir dieselbe Abhängigkeit, wie in der Körperwelt; es gibt Engel höherer und niederer Ordnung. Geradeso wollte auch Gott, daß unter den Menschen Vorgesetzte und Untergebene seien. Ja für die durch die Erbsünde verderbten Menschen sind Obrigkeiten geradezu nothwendig. Ohne Oberhaupt würde es der menschlichen Gesellschaft geradeso ergehen, wie den Soldaten ohne Feldherrn; die Menschen würden sich in eine zügellose Rotte auflösen. (h. Chrys.) Was das Gebälk in der Mauer, ist die Obrigkeit im Staate; ohne Gebälk stürzt die Mauer ein und ohne Obrigkeit die menschliche Gesellschaft; denn es wäre niemand, der die Völker zusammenhielte. (h. Chrys.) Da die Menschen nach der Erbsünde gleich wilden Thieren gegen einander zu wüthen anfiengen, so daß der Sohn der ersten Menschen seinen Bruder erschlug, setzte Gott über die den wilden Thieren ähnlich gewordenen Menschen Herrscher ein, damit diese der Wuth, womit die Menschen einander anfielen, Schranken setzen. (h. Rimigius) Die Obrigkeiten sollen auch gewissermaßen das Bild der göttlichen Macht und Vorsehung über die Menschen widerspiegeln (Leo XIII.)«[13].

Weil Papst und Landesfürsten ihre Gewalt von Gott hätten, beide also »Stellvertreter Gottes« seien, hätten die Menschen ihnen gegenüber »ähnliche Pflichten wie gegen Gott«[14]. Gehorsam und Treue, die Pflicht zur Geld- und Blutsteuer werden eingeschärft[15]. »Die Befehle der weltlichen Obrigkeit sind Befehle Gottes«[16]. Namentlich im Kriege sollen die Christen dem Landesfürsten die Treue halten. »Nie ist es erlaubt, sich gegen den Landesfürsten zu empören, selbst wenn dieser ein Tyrann wäre; denn wer sich der Obrigkeit widersetzt, widersetzt sich der Anordnung Gottes. (Röm 13, 1) ... Schlimme Herrscher sind gewöhnlich die Strafe Gottes für die Sünden der Völker (h. Aug.). Wenn der Herrscher ein Tyrann wäre, so bleibt kein anderes Mittel übrig, als Gott um Hilfe zu bitten. Hilfe wird aber nur dann kommen, wenn das Volk vom Sündigen absteht«[17].

Wir haben diesen Katechismus so ausführlich zitiert, weil er uns zu einer doppelten Erkenntnis verhelfen kann. Zahlreiche Äußerungen der Prediger lassen sich direkt oder indirekt auf die hier deutlich werdende Grundvorstellung von der Welt zurückführen. Doch darüber hinaus zeigt sich in den Darbietungen des Katechismus ein Verständnis der Welt, das ausschließlich naturhaft orientiert ist und in dem Freiheit und Geschichte, Verantwortung für die Welt und Aktivität, bis hin zur revolutionären Aktivität, nicht vorkommen.

Der Treue zu Kaiser und Reich seitens der Katholiken kommt angesichts der deutschen Kriegsziele eine besondere Bedeutung

---

[13] Katholischer Volkskatechismus, pädagogisch und zeitgemäß ausgearbeitet von *F. Spirago*, Trautenau ⁴1898, Theil II, 84.

[14] Ebd. 85.

[15] Ebd. 85 f. Vgl. u. a. Katholischer Katechismus für das Bistum Münster, Münster 1903, 62; Der katholische Katechismus für den Jugend- und Volksunterricht in der Erz-Diözese Cöln, Cöln 1858, 89; Katechismus für das Bistum Rottenburg, hrsg. auf Befehl und mit Gutheißung des hochwürdigsten *Bischofs Karl Josef*, Freiburg 1903, 90.

[16] Ebd. 86.

[17] Ebd.

zu. Zwar sind die »Kriegsziele« nie von der Reichsregierung proklamiert worden, aber die Reichsregierung hat sich nicht eindeutig von allen Annexionsbestrebungen distanziert. So leistete sie der verhängnisvollen These vom Weltherrschaftsanspruch der Deutschen Vorschub[18].

Auch Matthias Erzberger propagierte »Kriegsziele, die sich von jenen der Alldeutschen nicht wesentlich unterschieden«[19]. Er übernahm zu Beginn des Krieges auf Bitten der Regierung die Auslandspropaganda und beschäftigte dort in der ersten Zeit eine Anzahl von Priestern der Gesellschaft Jesu, die sich »in ganz hervorragender Weise ehrenamtlich um die Aufklärung des Auslandes verdient machten«[20]. Zu den Mitarbeitern in Erzbergers Propagandabüro zählte auch Max Scheler[21]. H. Lutz bemerkt als beachtenswert die »Selbstverständlichkeit«, mit welcher der Zentrumsführer bei seiner dreimaligen Reise nach Rom im Frühjahr 1915 »das Papsttum als ein Organ zur Wahrnehmung der deutschen Nationalinteressen betrachtete und behandelte«[22].

Nach seiner Rückkehr warb Erzberger bei dem bayerischen Ministerpräsidenten Graf Hertling um die Teilnahme bayerischer Zentrumsführer an einer von den großen deutschen Wirtschaftsverbänden geplanten Kriegszielkonferenz. »In Vorbesprechungen mit Konservativen und Nationalliberalen habe man sich auf folgendes Minimalprogramm geeinigt: Deutschland muß Belgien dauernd besitzen; Deutschland muß französische Kohlen- und Erzvorkommen erhalten; von Rußland muß soviel Land als möglich genommen werden«[23]. Erzberger hielt die Teilnahme des Zentrums an dieser Konferenz für bedeutsam, da jetzt schon Vorentscheidungen für die Innenpolitik der Nachkriegszeit ge-

---

[18] Vgl. *W. Hubatsch*, Deutschland im Weltkrieg 1914-1918 (= Ullstein-Buch Nr. 3845), Frankfurt-Berlin 1966, 91.

[19] *G. Mann*, Deutsche Geschichte im XX. Jahrhundert, 122.

[20] *W. Spael*, Das katholische Deutschland im 20. Jahrhundert. Seine Pionier- und Krisenzeiten 1890-1945, Würzburg 1964, 179.

[21] *H. Lutz*, Demokratie im Zwielicht, 35; 130, Anm. 14.

[22] Ebd. 49.

[23] Ebd. 49 f.

troffen würden. »Wenn das Zentrum jetzt mitmacht, wird es sich für die Zeit nach dem Kriege in diesem Rechts-Mitte-Kartell eine günstige Position sichern. Als Gegenleistung habe man ihm von dieser Seite schon die Aufhebung des Jesuitengesetzes in Aussicht gestellt«[24]. Die Annexionspolitik zeigt deutlich, wie sehr das Denken auch von führenden Katholiken durch die eigenen (wenngleich berechtigten) Interessen bestimmt wurde.

H. Lutz hat an Max Schelers Schriften aufgewiesen, welche Gedanken und Einsichten im deutschen Katholizismus während des Ersten Weltkrieges lebendig wurden[25]. Was Scheler in seinem Buch »Der Genius des Krieges und der Deutsche Krieg«[26] schreibt, findet sich in vielfacher Brechung auch in den Predigten, ohne daß die Prediger sich auf dieses Werk stützten. Scheler spricht in der im November 1914 konzipierten »Vorrede« von »diesem einzigartigen Ereignis in der moralischen Welt – dem erhabensten seit der französischen Revolution«. Interessant und wichtig scheint folgende Bemerkung Schelers zu sein, weil sie ein bestimmtes Verhältnis zur Wirklichkeit erkennen läßt: »Völlig fern lag diesem Buche alle genauere fortlaufende historische Erklärung über die Entstehung des Krieges«[27]. Und zur Frage nach der Gerechtigkeit des Krieges schreibt er: »Ob er gerecht oder ungerecht ist, das entscheidet sich ja gar nicht nach jener oberflächlichen Entstehungsgeschichte seiner letzten diplomatischen und sonstigen Anlässe, sondern entscheidet sich auch hier nach Art, Größe und Kriegswichtigkeit der Gegensätze, die in ihm treiben und die er ordnen soll«[28]. Er sei als »durch und durch politischer Krieg« gerecht; denn es gehe im Gegensatz zu den Kolonialkriegen nicht um ökonomische Fragen, sondern »um das Herz des Herzens der Welt, um die Hegemonie in Europa. Er ist gerecht, weil gleichzeitig höchst charakteristische

---

[24] Ebd. 50.
[25] Ebd. 22-42.
[26] Leipzig 1915.
[27] Ebd. Vorrede.
[28] Ebd. 168.

und große, historisch bewährte Kulturideen hinter den kämpfenden Mächten stehen«[29].

Eine weitere Stimme aus dem deutschen Katholizismus sei hier wiedergegeben. Carl Sonnenschein schreibt: »Wir haben nach Beendigung des Krieges nur noch die jähen Erfolge in treuer Kleinarbeit festzuhalten und auszuarbeiten ... Englands Sonne sinkt hinter die kristallene Flut, und unsere Stunde steigt herauf. Weltberuf«. Das Recht, das Deutschland gefordert habe, sei von England verweigert worden. »Nun erzwingen es unsere Kanonen. Nun sprengen wir die eherne Pforte diesseits und jenseits des Kanals. Nun gilt die deutsche Fahne in allen Teilen der Erde«[30].

Das Mißtrauen nationalistischer Kreise gegenüber den deutschen Katholiken war mit dem Beginn des Krieges nicht beseitigt. Als Kaiser Wilhelm II. in einem Telegramm an Präsident Wilson behauptete, belgische katholische Geistliche hätten an deutschen Verwundeten Grausamkeiten verübt, fiel ein Teil der liberalen und nationalen Presse »in Kulturkampfstimmung zurück und hetzte allgemein gegen katholische Geistliche«[31].

Auch andere Vorkommnisse bereiteten den deutschen Katholiken Schwierigkeiten. Kardinal Mercier, Bischof von Mecheln, bezeichnete die deutsche Besetzung Belgiens öffentlich als ein Unrecht und sprach die Hoffnung auf Wiederherstellung von Recht und Freiheit aus. Insbesondere durch seinen Weihnachtshirtenbrief 1914 geriet er in Konflikt mit den deutschen Militärbehörden. Der Bischof gab durch seine Predigten dem belgischen Volke die moralische Kraft, die Jahre der Besatzung zu überstehen und wurde so zum »Wortführer und Verteidiger seines Volkes«[32].

---

[29] Ebd. 169. Zur Vorstellung *M. Schelers* über den gerechten Krieg vgl. ebd. 153-161. Über den Krieg als Führer zu Gott ebd. 150 f. Zum Krieg als Gesamterlebnis vgl. *ders.*, Krieg und Aufbau, Leipzig 1916, 1-20.
[30] Zitiert nach *W. Spael*, Das katholische Deutschland im 20. Jahrhundert, 177.
[31] *W. Spael*, Das katholische Deutschland im 20. Jahrhundert, 182.
[32] Ebd.

Eine besondere Bedeutung kommt der im April 1915 erschienenen Schrift »La Guerre Allemande et le Catholicisme« zu. In diesem Buch wurde gegen Deutschland der Vorwurf erhoben, es führe mit dem Krieg einen Vernichtungskampf gegen den Katholizismus und das Christentum. Diese Anklagen erhielten ihr besonderes Gewicht dadurch, daß zu den Herausgebern zwei französische Kardinäle und neun französische Bischöfe gehörten und daß der Kardinal und Erzbischof Amette von Paris »in einem Einführungsschreiben ausdrücklich als kirchlicher Garant ... für die Personen der Mitarbeiter wie für den Inhalt ihrer Aufsätze« eintrat[33]. Im Namen des deutschen Episkopates gaben die beiden deutschen Kardinäle, Erzbischof von Hartmann von Köln und Erzbischof von Bettinger von München, ihrer Entrüstung über die französische Schmähschrift Ausdruck. Sie legten am 17. August 1915 auch Beschwerde beim Papst ein, der seinerseits zu Liebe und Frieden mahnte.

Als Antwort auf das französische Buch verfaßten angesehene deutsche katholische Gelehrte ein Werk, das zeigen wollte, »was wir Deutsche und insbesondere wir deutsche Katholiken wirklich sind, was wir an echter Gesittung erarbeitet haben, und was man von uns – auch bezüglich dessen, was uns noch mangelt – mit Sicherheit erwarten darf und muß«[34].

Wenn das Mißtrauen deutsch-nationaler und protestantischer Kreise für manche Prediger ein Grund war, die eigene nationale Zuverlässigkeit hervorzuheben, so wird die französische literarische Attacke mit ein Anlaß gewesen sein, die angebliche deutsche Religionsfeindlichkeit nicht nur zu widerlegen, sondern im Gegenteil die vermeintliche deutsche Sendung noch stärker zu betonen.

Mit dem Ende des dritten Kriegsjahres zeichnete sich auch im deutschen Parlament ein Stimmungswandel ab. Der erhoffte, aber nicht eingetretene U-Boot-Sieg über England, der Eintritt der USA in den Krieg, der Mangel an Reserven und die Erschöpfung Österreichs ließen die Angst vor einem negativen Ausgang

---

[33] Deutsche Kultur, Katholizismus und Weltkrieg, Vorwort III.
[34] Ebd. IV.

des Krieges zunehmen. Dazu kam die Macht der »Idealfaktoren«[35], nämlich das Wachsen des demokratischen Gedankens, die Wirkung der Ideen Wilsons von der Selbstbestimmung der Völker und vom Völkerrecht, die Friedensidee von Papst Benedikt XV. Während die katholischen Prediger in dieser Zeit nur noch wenige Kommentare zum Krieg geben, sich aber auch nicht konkret zum Friedensproblem äußern, ergreift M. Erzberger mit der Friedensresolution vom 19. Juli 1917 – nach K. Bachem »besser Friedenszielresolution«[36] – die Initiative. Dabei handelt Erzberger nicht im Namen und Auftrag seiner Partei, denn die Zentrumsfraktion zeigte sich »vielfach peinlich überrascht«[37]. Nur wenig später, am 1. August 1917, erging eine päpstliche Friedensnote an alle kriegführenden Mächte.

Da die Friedensresolution Erzbergers und die Friedensnote des Papstes nur wenige Tage nacheinander vorgelegt wurden, sah man weithin diese Friedensinitiativen als eine Einheit an. Die Reaktion einflußreicher deutscher Kreise auf diese Friedensbemühungen zeigt noch einmal die komplizierte Lage der deutschen Katholiken. K. Bachem schreibt:

»In den protestantischen und rechtsradikalen Kreisen würde man sich vielleicht der Richtigkeit dieser Gedankengänge (nämlich der Friedensresolution Erzbergers; der Ref.) weit eher zugänglich erwiesen haben, wenn nicht Erzbergers Vorgehen zugleich der Unterstützung eines päpstlichen Friedensschrittes gedient hätte. ›Pax Romana‹, ein durch den Papst vermittelter Frieden – das war es, was man nicht wollte. Wenn dieser päpstliche Friedensschritt zum guten Ende gedieh, dann konnte ja etwas ganz Furchtbares sich ereignen; dann konnte aus diesem Erfolge eine neue päpstliche Weltherrschaft erwachsen, der deutsche Protestantismus unter das römische Joch gebeugt und das Deutsche Reich zu einem Vasallenstaate Roms herabgewürdigt werden! Alle die Schreckbilder sind ausgiebig benützt worden,

---

[35] H. Lutz, Demokratie im Zwielicht, 55.
[36] K. Bachem, Vorgeschichte, Geschichte und Politik der Deutschen Zentrumspartei, Köln 1930-1932, IX 433.
[37] Ebd.

um den Widerstand gegen die Friedensresolution des Reichstages zu begründen. Den Papst als Friedensbringer – das mochte man nun einmal unter gar keinen Umständen! Dann lieber den Krieg fortsetzen, wenn er auch noch so sehr aussichtslos geworden war und man durch Fortsetzung des Krieges nur immer tiefer ins Elend hineingeraten konnte!«[38].

Wir haben in groben Zügen die Situation des deutschen Katholizismus zu Beginn dieses Jahrhunderts zu umreißen versucht und dabei verschiedene Aspekte benannt, die zwar kein vollständiges Bild ergeben, die aber doch wichtige Elemente als Hintergrund für jenes Material abgeben, dem diese Untersuchung gilt.

Bevor wir die Prediger selber zu Worte kommen lassen, zitieren wir noch einmal und ausführlich H. Lutz, der die Geisteshaltung der deutschen Katholiken des Ersten Weltkrieges wie folgt beschreibt und in dessen Darstellung sich einige Züge finden, die uns auch in den Predigten begegnen werden:

»Mit dem Blick auf die Toten und Verwundeten des Krieges beteuerten die deutschen Katholiken, wie fast alle ihre Landsleute im bürgerlichen Lager, daß man es angesichts dieser Blutopfer nicht verantworten könne, auf die Sicherungen zu verzichten, die man für Deutschlands Zukunft nur in Annexionen finden zu können glaubte. Dieser Glaube an die Allwirksamkeit machtpolitischer und militärischer Sicherungen für die Zukunft und diese Begrenzung des Blickes auf die deutschen Toten und auf die deutsche Zukunft war den Katholiken mit ihren nichtkatholischen Landsleuten gemeinsam. Es wäre falsch, in dieser nationalistischen und machiavellistischen Verirrung nur einen punktuell eintretenden Sündenfall und eine ad hoc einsetzende Erblindung des Wirklichkeitssinnes sehen zu wollen. Hier rächte sich die seit Jahrzehnten schrittweise vollzogene Anpassung der deutschen Katholiken an Mentalität und Methoden der deutschen Politik im imperialistischen Zeitalter. Es ist sicher richtig, daß man diese Politik, wie sie sich etwa in den Persönlichkeiten Bülows oder

---

[38] Ebd. 451.

Bethmann-Hollwegs darstellte, keineswegs als einen Monolith von Ausdehnungsdrang, Militarismus und Chauvinismus betrachten darf. Im Gegenteil – die Zerfahrenheit, Vielfarbigkeit und subjektive Gutmütigkeit dieser Ära steht in sehr vielen Fällen außer Zweifel. Aber wenn man auf die Dominante der öffentlichen Meinung seit Bismarcks ›Eisen und Blut‹ sieht und auf die Optionsrichtung, die beim Aufhören der Diskussion seit Kriegsbeginn in den militärisch-politischen Führungskreisen des Reiches festgelegt erscheint – wenn man diese Dominante und diese Richtung an den objektiven Vorgegebenheiten der deutschen Mittellage und der weltpolitischen Situation mißt, so wird der heutige Betrachter eine Irritation nicht los, die von milder Skepsis bis zu schärfsten Urteilen reichen kann. Es ging den deutschen Katholiken wie sehr vielen nichtkatholischen Deutschen: sie wußten nicht oder sie glaubten nicht, daß das Erschrecken der Welt vor dieser deutschen Politik echt war, daß im 20. Jahrhundert eine Politik des Faustrechtes, des Auftrumpfens mit der ›schimmernden Wehr‹ und der fortgesetzten Geringschätzung der rechtlichen und sittlichen Ordnungsfaktoren auch realpolitisch zum Scheitern verurteilt war, weil diese Politik nicht nur dieses oder jenes Interesse Englands, Frankreichs oder Rußlands verletzte, sondern sich den tiefsten und mächtigsten Aspirationen des neuen Jahrhunderts – nach Freiheit und nach Solidarität – verschlossen hatte«[39].

---

[39] *H. Lutz*, Demokratie im Zwielicht, 45-47; vgl. K. Buchheim, Der Begriff der Kriegsschuld, in: Hochland 58 (1965/66) 371-374.

# Die Predigten

# I. Der Krieg als Weg der Erneuerung

Ein Werbeblatt des Herder-Verlages ist kennzeichnend für eine weitverbreitete Stimmung und Beurteilung des Krieges: »Kriegsgeist durchrauscht das alte Europa, Morsches verjüngend und kräftigend. Dieses Geistes Kanal und Kleid beut sich hier«[1] In der von Jesuiten herausgegebenen Predigerzeitschrift »Chrysologus« schreibt ein Prediger: »Deutschlands großer Tag ist angebrochen!«[2], und er bekennt mit seinen Zuhörern »freudig und laut: Wir leben in großer Zeit!«[3]. Die Christen werden aufgefordert, sich glücklich zu schätzen, daß sie »diese große Zeit« erleben dürfen[4]. An anderen Stellen wird der Krieg »Deutschlands größte Zeit«, »heilige Zeit«, »Zeit der Gottesnähe« genannt[5]. Joseph Bernhart spricht vom »Tag, den der Herr gemacht« hat,

---

[1] Das Werbeblatt befindet sich im Besitz des Referenten. – Für *J. Bernhart* ist der Krieg »der gnädige Sturm..., der den Wald vom Morschen befreit«: Wir treten zum Beten. Eine Kriegspredigt für alle, die daheimgeblieben, München 1914.

[2] *F. Zoepfl*, in: Chrysologus 55 (1915) 531.

[3] Ebd. 530; vgl. *J. Schofer* (Hrsg.), Die Kreuzesfahne im Völkerkrieg. Erwägungen, Ansprachen und Predigten, Bd. I-X, Freiburg 1914-1916, I 3. (Die Reihe wurde ab Bd. V von A. Kieser fortgesetzt.) *J. Schofer* war ab 1904 badischer Zentrumspolitiker, von 1914-1918 Feldseelsorger und ab 1918 Vorsitzender der badischen Zentrumspartei. Vgl. LThK[2] IX 444.

[4] [4] *J. Sartorius*: »O glücklich wir, daß wir diese schwere, aber auch diese große Zeit erleben, wo der Gottesglaube wieder erwacht ist«, in: Chrysologus 55 (1915) 292.

[5] [5] *A. Sextl*, Ein unvergängliches Denkmal, in: Sankt Michael. Ein Buch aus eherner Kriegszeit. Zur Erinnerung, Erbauung und Tröstung für die Katholiken deutscher Zunge. Mit einer Einführung von *Paul Wilhelm von Keppler*, hrsg. von *J. Leicht*, Würzburg-Berlin-Wien 1918, 338 (*A. Sextl* war Domprediger in Bamberg).

und fordert auf, »die Zeit der Schrecken anzusehen als eine Zeit der Gnade«[6].

Die Kriegszeit, die ein »ergreifendes Schauspiel für Engel und Menschen« biete[7], wird zunächst als Erlebnis eines Durchbruchs elementarer Kräfte erfahren und unmittelbar religiös gedeutet.

Der Kinder Opfer.

*1. Der Krieg als Strafe und als Ruf zur Buße*

Sehr viele Prediger deuten den Krieg als eine Heimsuchung, als eine Prüfung oder als Strafgericht Gottes. In einem »Hirtenbrief für die österliche Zeit 1916« heißt es: »Kriegszeit ist Bußzeit und Gnadenzeit, eine Zeit barmherzigster Heimsuchung Gottes!«[8]. Oft lassen es die Prediger bei solchen Aussagen bewenden und

---

[6] *J. Bernhart*, Wir treten zum Beten, München 1914.

[7] *A. Huber*, Die göttliche Vorsehung (= Die Kreuzesfahne im Völkerkrieg, Bd. IX, hrsg.von *J. Schofer* und *A. Kieser*), Freiburg 1915, 108.

[8] *H. Joeppen*, in: Das Schwert des Geistes. Feldpredigten im Weltkrieg, hrsg. von M. von Faulhaber, Freiburg 1917, 490-499, hier 492. *H. Joeppen* war Feldpropst der preußischen Armee.

beschränken sich auf eindringliche Mahnungen zu religiös-sitt-
licher Erneuerung, insbesondere des Familienlebens.

Sobald die Verfasser jedoch ausgesprochene »Kriegspredigten« bieten wollen, werden die »Sünden der Völker« genauer
benannt. Die Skala reicht von der Feststellung eines weitverbreiteten Unglaubens[9] bis hin zu detaillierten Schilderungen einer
moralisch verkommenen Gesellschaft, Ausführungen, die neben
einer möglicherweise guten Beobachtungsgabe auch eine sehr
lebhafte Phantasie der Autoren erkennen lassen[10]. Gott selbst habe wegen des zunehmenden Unglaubens »mit eiserner Faust«
eingegriffen[11]. Ein Prediger erklärt, daß im »rauschenden Lärm
des Genußlebens« die Mahnungen der Gutgesinnten verhallt
seien, daß man »die kirchliche Obrigkeit« verachtet und verspot-
tet habe, daß man die Ordensleute gemeinen Verbrechern gleich
verjagt und daß der Staat »die sakrilegischen Räubereien der
Kirchengüter« angeordnet habe, und fährt dann fort: »Wie lange
noch sollte der gerechte Gott den Frevel sich auswüten lassen?
Das Maß der Gerechtigkeit war übervoll, der Tag des Gerichtes
mußte nahen. Und er kam...«[12]. Darum wird auch der Krieg als

---

[9] Ebd. 491; vgl. *W. von Keppler* ebd. 81.; *A. Bertram*, Kirche und Volksleben, Breslau 1916, 440; *H. Acker*, Der Krieg, in: Chrysologus 55 (1915) 276 ff.
[10] Den Höhepunkt dieser Ausführungen dürfte *W. Dederichs* bieten, in: Christi
Leidensgang durch unsere Zeit, Warendorf 1915. – Nach *F. Zoepfl* sind sogar die
Kinder mit schuld am Kriege wegen ihrer kleinen Eitelkeiten oder des Fluchens
der Jungen: »Auch ihr seid schuld, daß der schlimme Krieg gekommen ist und
daß so viele unschuldig sterben müssen«: *F. Zoepfl*, »Auch ihr seid schuld!«,
Kriegsanrede an die Kinder, in: *C. Vidmar* (Hrsg.), Kriegspredigten, Bd. 5: Kinder-
ansprachen, Militäransprachen, Grab- und Trauerreden, Innsbruck 1915, 4-6. *C.
Vidmar* bietet neun Kinderpredigten an, in denen die Kleinen mobilisiert werden,
um Sieg und Frieden zu beten, zu sparen, fleißig zu sein u. a.
[11] *H. Joeppen*, in: Das Schwert des Geistes, 491.
[12] *E. Hemmes*, Totengräber des Friedens, in: Das Schwert des Geistes, 267-272, hier
269. – Bei *K. Bihlmeyer* – *H. Tüchle*, Kirchengeschichte III, Paderborn [13/14]1956, liest
man: »Die verschiedenen Religionen und Konfessionen haben zwar als solche bei
seiner Entstehung keine nennenswerte Rolle gespielt, aber die tieferliegenden Ursachen dieser Weltkatastrophe sind gleichwohl weltanschauliche: die Gottent-
fremdung der Staaten und Völker in neuer und neuester Zeit, ihr Abfall von den
christlichen Idealen und von dem Gemeinschaftsgeist der Vergangenheit, ihre be-
wußte Hinwendung zu den materiellen Gütern und zum unchristlichen nationa-

»Gottes Rache« für Unglaube, Unzucht und Umsturzgedanken gedeutet[13].

Im Vordergrund zahlreicher Predigten steht der »sittliche« Verfall im immer noch geläufigen Sinn des Wortes. Der Verfall der Familie[14], Zügellosigkeit und vor allem die »Ausschreitungen der weiblichen Kleidertracht«[15] werden in den verschiedensten Versionen immer wieder als Kernübel angegeben, die es zu überwinden gelte. Ein anderer Prediger sieht den Krieg »als Gottes Fügung, wie etwa Erdbeben, große Krankheit, Mißwachs«, und behauptet, daß auch Jesus den Krieg in solchem Verständnis hingenommen habe[16]. In einer Predigt »Gott leitet den Krieg« werden zunächst einige der damals in Deutschland üblicherweise genannten Kriegsursachen angeführt. Der Autor fährt dann fort: »Die Menschen sind wie Werkzeuge in der Hand Gottes und führen das aus, was der Herr beschlossen hat«. Er zitiert einen Ausspruch des Kaisers Franz Joseph aus dessen Kriegsmanifest. Demzufolge habe der Kaiser sein Leben »den Werken des Friedens ... weihen« wollen, »aber im Rate der Vorsehung war es anders beschlossen«[17]. Gleichzeitig wird aber auch betont, daß Gott den Sieg schenken werde, wenn mit den Erfolgen der siegreichen Armeen auch die »inneren« Siege errungen werden[18].

Wenn Gott nach Meinung vieler Autoren den Krieg als Zucht- und Erziehungsmittel braucht, ist die Aussage von ihm als Urheber des Krieges nicht mehr weit. Diese These mündet dann schließlich – nicht zuletzt aus dem Gefühl eigener moralischer Überlegenheit – in den Kreuzzugsruf: »Gott will es!«[19], wo-

---

len Egoismus« (481 f.).

[13] *H. Wolf*, Unseres Volkes Stunde, Essen 1915, 50. Vgl. das Vorwort bei *N. Peters*, Der Krieg des Herrn, Paderborn 1914, IX f.

[14] *von Keppler*, in: Das Schwert des Geistes, 42; vgl. *J. Fink*, Des Christen Kampf und Sieg. Kriegsfastenpredigten, Paderborn 1915, 13 f.

[15] *G. Menge*, in: Chrysologus 55 (1915) 27; vgl. *ders.*, Die gewaltige Hand Gottes, in: Sankt Michael, 48-51.

[16] *F. Zoepfl*, in: Chrysologus 55 (1915) 593.

[17] *A. Huber*, Die göttliche Vorsehung, 100f. Ähnlich *J. Jatsch*, Unser Gottesglaube und der Krieg, Freiburg 1915, 39.

[18] *J. Linden*, in: Chrysologus 55 (1915) 61 f.

[19] *G. Stiefenhofer*, in: C. Vidmar, Kriegspredigten, Bd. II: Wir Christen und der

bei man sich selbst als Gottes Werkzeug betrachtet. Erst im Fortgang des Krieges gewinnt die Frage an Bedeutung, wie Gott ein so furchtbares Völkermorden zulassen könne.

## 2. Der Krieg als Erzieher

Die Gründe für eine solche Deutung sind wohl zunächst im Erleben eines vermeintlichen großen Aufbruches zu sehen, der die Sinne und die Herzen der Menschen erfaßt habe. Wie ein gewaltiger Pfingststurm gehe der Krieg über das Land[20] und bewirke die »Geburtsstunde einer neuen Zeit«[21]. Ein wahrer »Völkerfrühling«[22] sei mit dem Kriege angebrochen. K. Gröber bietet eine Predigt über »die Neuschöpfung des Heiligen Geistes im Kriege« und spricht dabei von ihm als einer »übernatürlichen Volkserhebung«[23]. Er habe das Volk von der »schwül gewordenen geistigen Atmosphäre« befreit[24]. Das Wort des Kaisers: »Geht in die Kirche und betet zu Gott!« habe einen religiös-sittlichen Aufbruch in ganz Deutschland bewirkt. Die »Tempel des Herrn stehen jetzt im Krieg wieder hoch in Ehren ... Der Krieg hat neues herrliches Leben in den heiligen Hallen erweckt«[25]. Die Kirchen

---

Krieg, Innsbruck 1915, 82-86.

[20] *F. Zoepfl*, in: Chrysologus 55 (1915) 533. Vgl. Hom. Wiss. XI (1916/17) 151 f.

[21] *J. Voest*, in: Hom. Wiss. IX (1914/15) 250. In dieser Silvesterpredigt werden nur noch zwei andere Silvesterabende der Weltgeschichte als vergleichbar angesehen: »das erste Friedensjahr des Christentums« 314 und die Niederlage Napoleons 1814, die »zugleich ein Sieg über den wichtigsten Feind der Kirche« gewesen sei und ein »mächtiges Wiederaufleben des Christentums und der katholischen Kirche« zur Folge gehabt habe (250 f.).

[22] Chrysologus 55 (1915) 63.

[23] *J. Schofer – A. Kieser*, Die Kreuzesfahne im Völkerkrieg, VII 70-82.

[24] *F. X. Eberle*, in: Das Schwert des Geistes, 239. *A. Hagen* berichtet, daß Bischof *von Keppler* in der Auseinandersetzung mit den Vertretern des Reformkatholizismus schon zu Beginn des 20. Jahrhunderts die Kultur als »faul« bezeichnet habe und daß sie »dringend der Verjüngung« bedürfe: Der Reformkatholizismus in der Diözese Rottenburg (1902-1911.), Stuttgart 1962, 27.

[25] *A. Worlitschek*, Krieg und Evangelium, 2 Bde., Freiburg 1915, I 37. – »Mit dem nationalen Aufbruch erlebte die Diözese im Herbst 1914 zugleich eine fast allgemeine religiöse und sittliche Erhebung«. Erst nach Beginn des Stellungskrieges

seien gefüllt wie nie zuvor. »Was kein Bußprediger, keine Mission fertiggebracht hat, das ist dem Krieg mit einem Schlag gelungen. Er hat aus gottvergessenen Weltkindern hilfesuchende Gotteskinder gemacht«[26]. Seit Kriegsausbruch scheine ein neues Geschlecht in Deutschland aufgestanden zu sein[27]. Todesmut und Durchhaltewille hätten »wahrhaftig das Angesicht der Erde bei uns erneuert«[28]. Auch Bischof Bertram glaubt zu Beginn des Krieges an eine »lichtvolle religiöse Erhebung«[29]. Bei den Führern, beim Heer und im Volk zeigten sich Glauben und das »laute Bekenntnis für Gott« als die herrlichste Wirkung des Krieges[30]. Mit der »Abwendung von den Götzen moderner Überkultur« beginne die innere »Gesundung unseres Volkes in der tiefsten Tiefe der Volksseele«[31]. Als »wuchtig wirkender Missionär«

---

»wagten sich Unglaube und Zweifel wieder hervor« und würde »der Wert der Religion für die Kampfkraft der Truppe bestritten«: *A. Hagen*, Geschichte der Diözese Rottenburg, Stuttgart 1960, III 225.

[26] *A. Huber*, Die himmlische Mutter, Freiburg 1915, 73.

[27] *F. Küpferle*, in: Chrysologus 55 (1915) 315. – Vgl. *A. Knöpfler*, Deutsche und französische Kriegshirtenbriefe, in: Deutsche Kultur, Katholizismus und Weltkrieg, 269 bis 290: »Die deutschen Kirchenfürsten erkennen im Kriege den Erwecker neuen religiösen Lebens« (270). *M. von Faulhaber* spricht in einer Predigt »Zur außerchristlichen Christbaumfeier« vom Krieg als dem »Glockenguß der deutschen Zukunft« (Das Schwert des Geistes, 519) und vom »Aufbau des neuen Europa aus den Trümmern des Krieges« (ebd. 31).

[28] Ebd.

[29] *A. Bertram*, Kirche und Volksleben, 426. Vgl. *E. Krebs*, Das Geheimnis unserer Stärke, Freiburg 1916, Vorwort: »Alles Erhabene in diesem Kriege ist eine einzige laute Rechtfertigung des Christentums«.

[30] *Th. Soiron*, Gott und der Krieg, Münster 1916, 8.

[31] *N. Peters*, Heldentod, Paderborn 1914, 41. – »Der Anfang des Krieges brachte fast in allen Ländern mit dem Aufflammen der Vaterlandsliebe und nationalen Begeisterung eine Stärkung der Religiosität und der kirchlichen Aktivität, so namentlich in Deutschland. Der Kirchenbesuch und katholischerseits der Sakramentenempfang nahm merklich zu. Die Opferwilligkeit und der Gemeinsinn wieter Kreise bewährte sich in schönen Taten. Die Feldgeistlichkeit hatte unter den ausziehenden und kämpfenden Truppen und in den Lazaretten ein dankbares Feld des Wirkens ... – Überhaupt wurde der Weltkrieg von seiten der Entente in seltsamer Verschleierung und Umbiegung der wahren Gründe und Ziele weithin als ein Kampf um die Rechte der Moral, der Humanität und der Selbstbestimmung der Völker ausgegeben und propagiert, auf der anderen Seite aber auch in Deutschland im Jubiläumsjahr der Reformation (1917) einseitig als ein

räume der Krieg nicht nur mit der schamlosen Mode auf[32]; die von ihm geprägte Zeit sei den Tagen der Makkabäer und der Christenverfolgung, der Kreuzfahrerzeit und den Freiheitskämpfen ähnlich[33]. Während ein Freidenkerkongreß in Hamburg »das monistische Jahrhundert« eröffnen wollte, habe »die göttliche Vorsehung selbst« einen blutigen Völkerkongreß einberufen, der eine »Hingabe an Christus und eine Liebe zu Christus« bewirkt habe, »wie sie selbst in den ersten Zeiten des Christentums nicht glänzender zutage trat«[34]. Was in Kleinlichkeiten zu versinken drohte, werde jetzt aufgeweckt: diese Zeit sei »Erzieherin zu Männern«, »Führerin zu Gott«, »Zuchtmeisterin zu Christus«. Unser »gottgeschenktes deutsches Wesen« sei neu erwacht. Diese Wirkungen würden von den Christen gesehen und freudig begrüßt. Sie unterschieden sich dadurch von den Schwarzsehern, Nörglern und Vergrämten[35]. »Das gläubige Volk, unter dem erhebenden Vorgange des Kaisers, hat gleich an jenes Imponderabile gedacht, das über den Sternen steht ..., die göttliche Vorsehung und Allmacht!«[36]. Adolf Donders begrüßt die unmittelbar religiöse Wirkung des Krieges: »Gott sei es gedankt: die Menschheit betet wieder...«[37]. Durch den »Krieg als Erzieher«[38] und

---

Ringen um die Güter der Reformation bezeichnet«: *K. Bihlmeyer – H. Tüchle*, Kirchengeschichte, III 482.

[32] *W. Dederichs*, in: Hom. Wiss. IX (1914/15) 120. Nach *A. Huber* wirkt der Krieg »wie eine gewaltige Volksmission, die unser Herrgott jetzt selbst abhält«, in: *J. Schofer*, Die Kreuzesfahne im Völkerkrieg, II 121.

[33] *F. Zoepfl*, in: Chrysologus 55 (1915) 531.

[34] *B. Meier*, Die Wahrheit in der Feuerprobe, in: Das Schwert des Geistes, 221-224, hier 222.

[35] *F. Zoepfl*, in: Chrysologus 55 (1915) 531. – Für die Erneuerung sei »kein Opfer zu groß an Menschenleben, an Menschenglück und -gut«: *H. Wolf*, Unseres Volkes Stunde, 10; *M. von Faulhaber* nennt »die Kanonen des Krieges ... Sprachrohre der rufenden Gnade«: Der Hauptmann unter dem Kreuz, in: Das Schwert des Geistes, 290-196, hier 293.

[36] *H. Acker*, Der Krieg, in: Chrysologus 55 (1915) 277.

[37] *A. Donders*, in: Das Schwert des Geistes, 149.

[38] Predigttitel von *H. Acker*, in: Chrysologus 55 (1915) 420-427. Danach erzieht der Krieg zum Gottesglauben, zur Liebe und zur Vorsicht, und zwar zur Vorsicht gegenüber den Sozialdemokraten (42 5 f.) und gegenüber der Agitation der »Gesellschaft zur Verbreitung des Evangeliums unter den Katholiken Deutschlands

»Element der von Gott eingesetzten Weltordnung«[39] würden die Menschen vom Bösen weggeführt und in ihrem Charakter geformt[40]. »Die edelsten Tugenden« entwickelten sich darin: Mut und Entsagung, Pflichttreue und Opferwilligkeit[41]. Er lehre zum Himmel aufzuschauen[42]; er »tötet nicht nur, er macht auch lebendig« durch die neu gelebten Tugenden[43] und erziehe dadurch »zur Seelenkultur«[44]. Engelbert Krebs, Professor für Dogmatik in Freiburg, kommentiert: »Das deutsche Volk ist uns ein herrlicher Anblick in der echten Nachfolge, die es im gegenwärtigen Kriegsjahr durch sein freudiges Entsagen und mutiges Kreuztragen dem Heiland leistet«[45]. Mehrfach wird das Moltke-Wort zitiert: »Ohne den Krieg würde die Welt im Materialismus versumpfen«[46]. Mit der »Verherrlichung des Vaters« und dem »Sieg über Satan und Welt«[47] wird dem Krieg ein weiterer Erfolg zugeschrieben. Dadurch wird der Krieg für F. Zoepfl zur »Apologie Jesu Christi«[48], während H. Mohr im Krieg ein Mittel des Heiligen Geistes erkennt, den »Wiederaufbau von Gottes Reich in deutschen Landen«[49] zu schaffen. Ein anderer Prediger glaubt,

---

und Österreichs«, die hofft, die Schranken zwischen den Konfessionen zu überwinden (416). Vgl. auch *M. von Faulhaber*, in: Das Schwert des Geistes, 208.

[39] *J. Sartorius*, in: Chrysologus 55 (1915) 309.

[40] *B. Duhr*, In der großen Schicksalsstunde, Regensburg ²1915, 8 f.

[41] *J. Sartorius*, a. a. O. – Vgl. *K. Benz*, Der eiserne Erzieher, Rottenburg 1915, 15 ff. Für *Gutmann* ist der Krieg »ein Erzieher zu Gottesfurcht und Vaterlandsliebe«, in: *K. Hagenmeier* (Hrsg.), Krieg und Kanzel, Bd. I-III, Rottenburg 1914-1915, I 128-137.

[42] *B. Duhr*, In der großen Schicksalsstunde, 8 f.

[43] *J. Sartorius*, a.a.O.

[44] *A. Huber*, Die göttliche Vorsehung, 110.

[45] Die Kreuzesfahne im Völkerkrieg, VI 133.

[46] *B. Duhr*, In der großen Schicksalsstunde, 13; dazu zitiert er das Wort Schillers aus der »Braut von Messina«: »Denn der Mensch verkümmert im Frieden – Müßige Ruh ist das Grab des Muts« (ebd.). – Vgl. *A. Senger*, in: Sankt Michael, 106.

[47] *O. Cohausz*, Kriegspredigten, Warendorf 1915, 6; 8. *O. Cohausz* war zeitweise Schriftleiter des Chrysologus und Prediger an der Hedwigs-Basilika in Berlin; vgl. *W. Kosch*, Das katholische Deutschland. Biographisch-bibliographisches Lexikon, Augsburg o. J., I 342.

[48] In großer Zeit, in: Chrysologus 55 (1915) 533.

[49] *H. Mohr*, Gottesstreiter, Kempten-München 1916, 109.

im Krieg göttliche Pläne zu entdecken. Die erste Absicht Gottes sei in der »Stärkung und Reinigung seiner Kirche« zu sehen. Die zweite Absicht: »Gerade der Krieg wird das Seine beitragen, daß die Kirche gewinne an Katholizität, an Ausdehnung, an Allgemeinheit«. Denn immer mehr Völker werden durch den Krieg mit der Kirche bekannt. Die Soldaten kämpfen also nicht allein »für unser liebes deutsches Vaterland, sondern auch für die Kirche Christi«[50].

M. von Faulhaber vertritt die Meinung: »Die schwerste Niederlage in diesem Weltkrieg ist der Kreditverlust des Atheismus und anderer fremder Götter von ähnlichem Kaliber«[51]. Dieses Bischofswort bietet dann so manchem Prediger neue Anregung.

### 3. Der Krieg als Gottesoffenbarung

Eine weitere Steigerung besteht in der Deutung des Krieges als einer Offenbarung Gottes, der in ihm »sehr vernehmlich ... mit Kanonendonner, mit Blut und Eisen« durch die Welt gehe. Es sei eine »Gnade, ... dieses majestätische Gehen Gottes durch die Welt miterleben zu dürfen«. Von diesem Krieg wird mit dem Schriftwort gesagt: »Selig die Augen, die sehen, was ihr seht ...«[52]. Ein Bischof vergleicht den Krieg mit der »Erscheinung des Herrn im Dornbusch, die uns lehrt, vor dem Heiligtum in Ehrfurcht die Schuhe von den Füßen zu ziehen«[53].

---

[50] P. Hasenöhrl, Bedeutung des Weltkrieges für die katholische Kirche, in: Der Prediger und Katechet 67 (1917) 566.

[51] Waffen des Lichtes, 172. Zur Dauer des Krieges meint Faulhaber: »Die völkische Demut gedeiht in einem langen Krieg besser als in einem kurzen Sieg«: Das Schwert des Geistes, 208. B. Duhr: »Der Unglaube hat die Feuerprobe nicht bestanden«: Goldkörner aus eiserner Zeit, Regensburg ²1915, 23. Dagegen Th. Soiron: »Das Wort vom Kreditverlust des Unglaubens, das im Anfang des Krieges geprägt wurde, hat sich leider nicht bestätigt«: Die Probe des Christentums im Weltkrieg. Kriegspredigten, Münster 1917, Vorwort.

[52] K. Th. Hafner, Der Krieg im Lichte des Glaubens, Regensburg ²1915, 11 f.

[53] M. von Faulhaber, in: Das Schwert des Geistes, 208. Für G. Stipberger ist das Schlachtfeld »heiliger Boden«, wo Gott »seine Kelter« tritt: Vater, ich rufe dich. Predigten zur Kriegszeit, gehalten Anno 1914 in der St.-Cajetans-Hofkirche zu

**Mit uns ist Gott.**

Eine volkstümliche Fassung dieses Gedankens liest sich folgendermaßen: »Im fünften Jahre der Regierung des Kaisers Tiberius beginnt das Evangelium. Wir heute könnten ebenso feierlich sagen: Im siebenundsechzigsten Jahre der Regierung des Kaisers Franz-Joseph, im siebenundzwanzigsten Jahre der Regierung Kaiser Wilhelms des Zweiten erging nicht nur das Wort, sondern auch die Kraft des Herrn an Deutschland und Österreich, und alles Fleisch hat das Heil Gottes geschaut«[54].

Bischof M. von Faulhaber bringt an einer Stelle als Beispiel den Brief eines verwundeten Offiziers, der »das Feuer der Schlacht« als zweite Taufe erfahren habe[55]. Bei G. Koch wird daraus eine Predigt über den Krieg als Sakrament[56].

---

München, München 1914, 21.

[54] *G. Koch*, Gottes Schlachtfeld. Ein Jahrgang Fünfminutenpredigten aus der Kriegszeit, Freiburg 1917, 10.

[55] Waffen des Lichtes, 172.

[56] G. Koch, in: »Dorfpredigt« (1.4.1917), Beilage zur »Dorfstube«, hrsg. von *Heinrich Mohr*, abgedruckt in: *Magnus Jocham*, Wir Christen und das päpstliche Friedensprogramm, Leipzig 1917/18. Diese Predigt wurde zu Beginn der »Leidenswoche« gehalten. Aus dem Leiden Jesu ginge »ein rechtes Sakrament hervor, der Krieg«. Die Zeichen werden mit dem Salz bei der Taufe, dem Brustklopfen bei der Buße und dem Backenstreich bei der Firmung verglichen. »Sonst gleicht unser Gnadenmittel freilich mehr dem Beschneidungssakrament«. Über die feierliche Begehung dieses Sakramentes: »Was ist eine Fronleichnamsprozession

Angesichts dieser Aussagen wundert es nicht, auch folgende Stimme zu hören: »Gerade unsere Mutter die Kirche begrüßet von Herzen den großen eisernen Besen«[57]. Wer bei solchen Interpretationen eines Krieges entsetzt ist, wird durch den Bischof getröstet, der die an der göttlichen Vorsehung Zweifelnden belehren und stärken will und darum das »Kriegsleid ... mit dem Friedensleid der Menschenkinder (abgewogen)« hat und zu dem Ergebnis gekommen ist, daß man »vor dem um ein Zehntel noch größeren Leid im Glauben nicht irre werden« müsse[58].

---

gegen die Aufzüge an den Fronten, was sind alle Glockengeläute und Hochamtsorgeln gegen den Donner der Kanonen und das Krachen der Mörser«! – Zur Gnade des Sakramentes: »Nur bei der Kinderwelt scheint dies Sakrament noch nicht zu wirken: man klagt, daß sie immer ausgelassener werden«. (Diese Angaben zur Predigt über den Krieg als Sakrament verdanke ich Herrn *A. Erb*, Freiburg. Der Ref.) – Der Herausgeber der »Dorfstube« *H. Mohr* ist durch seine Feldbriefe und -predigten besonders bekannt geworden (vgl. oben [Erstauflage 1968, S. 20]). Nach Militär-Oberpfarrer Dr. *Poertner* verdient *H. Mohr* »das Eiserne Kreuz am weißen Bande«. Und das Hannoversche Sonntagsblatt (evangel.) 1915, Nr. 7 schreibt:»Ich kann mir nicht helfen, aber diese von einem katholischen Verlage herausgegebenen Kriegsschriften gehören zu dem Besten, was jetzt erschienen ist. Die Zeit hat so außerordentlich viel Mittelmäßiges an Kriegsliteratur hervorgebracht. Die Katholiken sind uns an Volkstümlichkeit überlegen ... Alban Stolz hat geschickte, treffliche Nachfolger« (aus der Anzeige des Verlages, in: *A. Huber*, Vorsehung, 184). Vgl. *B. Duhr:* »Die zweite Taufe auf dem Schlachtfeld« (Goldkörner, 17). Ähnlich *E. Krebs*, der Lk 12, 49 f. und Mk 10, 38 mit der Feuertaufe des Krieges vergleicht (Die Stunde unserer Heimsuchung, Freiburg 1915, 8).

[57] *X. Lutz*, in: Hom. Wiss. IX (1914/15) 210.

[58] *M. von Faulhaber*, in: Das Schwert des Geistes, 210 f.

# II. Vom gerechten Krieg zum Heiligen Krieg

*1. Die eigene gerechte Sache*

Neben dem Versuch, das Kriegserlebnis unmittelbar religiös zu interpretieren, läuft das Bemühen um eine Rechtfertigung des Krieges bis hin zu der Behauptung, einen heiligen Krieg zu führen.

Die Kriegs-Kommentare des angesehenen Alttestamentlers Norbert Peters geben die Meinung vieler Prediger wieder: Dieser Krieg sei ein gerechter, ja heiliger Krieg[1]. Rachsucht, Neid und Raubgier der Feinde Deutschlands seien die wahren Ursachen des Völkerringens, das Ziel die Versklavung der Deutschen und die Vernichtung ihrer Wirtschaft[2]. Die Bemühungen des Kaisers, der »in aufrichtiger Friedensliebe« nichts unversucht gelassen habe, das Unheil abzuwenden, sei »frevelhaft« vereitelt worden[3]. Die Soldaten seien ins Feld gezogen, Deutschland und Österreich-Ungarn zu retten und die »heiligste(n) Güter zu schützen«[4]. Jetzt bleibe nur noch eins: Mit Gottes Hilfe »für die gute und gerechte Sache, für das teure Vaterland siegreich zu kämp-

---

[1] *N. Peters*, Heldentod, 38; Vgl. *J. Jatsch*, Unser Gottesglaube und der Krieg, 97 ff.; *H. Wolf*, Unseres Volkes Stunde, 10; 27; *J. Bernhart*: »Wir sagen alle: Unser Krieg ist gerecht. Bei Gott, er ist es wie nur einer in der Weltgeschichte«: Wir treten zum Beten. – Zum Vorwurf, die belgische Neutralität verletzt zu haben, vgl. Der deutsche Krieg und der Katholizismus. Deutsche Abwehr französischer Angriffe, hrsg. von deutschen Katholiken, Berlin 1915, 36 ff. – *J. Jatsch*: »Gott wird unserer gerechten Sache helfen«. »Gerade Frankreich war aller Welt vorausgegangen mit dem Krieg gegen Gott«, in: Chrysologus 56 (1916) 214. »Wir gehen gewiß nicht fehl, wenn wir annehmen, daß die nächste Schuld am Weltkriege auf der Seite unserer Gegner liegt« (ebd. 123).

[2] *N. Peters*, Heldentod, 36; vgl. *J. Fink*, Des Christen Kampf und Sieg, 16.

[3] *W. von Keppler*, Hirtenbrief anläßlich des ausgebrochenen Krieges, in: Hom. Wiss. IX (1914/15) 46-48, hier 46.

[4] *A. Bertram*, Kirche und Volksleben, 428.

fen oder ruhmreich zu sterben«[5]. Der Aufruf des Kaisers sei »in heller Begeisterung« befolgt worden[6].

Mit dem Kriegsbeginn sieht ein Prediger den »Tag der Abrechnung mit allen ... Hassern und Neidern« Deutschlands für gekommen. »Es ist nicht des Christen, des Deutschen Art, zu prunken und zu prahlen in eitler Weise mit den gewaltigen Streitkräften, die uns zu Gebote stehen... Das ist deutschen Kriegers Art: Demütig vor Gott dem Herrn, aber stolz und mutig vor dem Feinde. Ein heiliger Zorn muß euch beseelen gegen alle, die uns Rache geschworen.« Der tempelreinigende Herr gilt als Vorbild. »Mit uns ist das Recht, Gott ist mit uns, wer kann da wider uns sein?«[7]. Unstreitig sei das Recht auf der deutschen Seite, und Gottes starke Hand werde gemäß dem Zeugnis des Alten Testamentes auch das Kriegsglück schaffen[8].

Zwar sei letztlich nur der Krieg wider die Sünde ein heiliger Krieg, doch könne nach dem Zeugnis des Alten Testamentes auch der Krieg heilig genannt werden, der »aus einer gerechten Ursache« geführt wird[9]. Die Worte auf dem Völkerschlachtdenkmal bei Leipzig: »Gott mit uns« meinten: »Gott war gerecht, Gott war mit uns, Gott machte uns frei«[10]. Darum werde auch jetzt die gerechte Sache siegen; denn sonst würden die »höchsten Güter« geraubt und von östlichen wie westlichen Feinden mit Füßen getreten[11]. Zum Beginn des dritten Kriegsjahres schreibt der Feldpropst der preußischen Armee: »Laßt uns nicht müde werden, für Gott zu arbeiten, rufe ich auch euch zu, euch Streitern im Kampf für heilige Güter. Nicht müde werden! – ›Durchhalten und gründlich siegen‹, das ist die Losung, die Generalfeldmarschall v. Hindenburg seinen Soldaten am Neujahrstage 1916 gab. Ich unterschreibe sie und bitte euch um des vergosse-

---

[5] *W. von Keppler*, in: Hom. Wiss. IX (1914/15) 47.
[6] Ebd. 46.
[7] *K. Winners*, in: Hom. Wiss. IX (1914/15) 80.
[8] *Gerteis*, Herz Jesu, unser Friede und unsere Versöhnung, in: Hom. Wiss. IX (1914/15) 31.
[9] *J. Jatsch*, in: Chrysologus 56 (1916) 138 f.
[10] *K. Beck*, in: Hom. Wiss. IX (1914/15) 226.
[11] Ebd. 229.

nen Blutes eurer Brüder willen: Harret aus! Deutschland darf nicht unterliegen! Rettet das Vaterland!«[12]. »Gott ist mit uns und wir mit ihm!«[13].

Im Vertrauen auf Gott, den gerechten Herrn und den Schirmherrn der gerechten Sache, sei das Volk siegesgewiß und in der »Hoffnung auf die ewige Gerechtigkeit« in den Kampf gezogen. Die Worte des Kaisers vom 2. August 1914: »Reinen Gewissens über den Ursprung des Krieges bin ich der Gerechtigkeit unserer Sache vor Gott gewiß« seien Worte, »die für immer ein Denkmal unseres Glaubens, ein Gottesbeweis sein werden«[14]. Gott selbst führe die Sache und den Streit der Deutschen, weil er mit seinen Gesetzen nicht nur Verpflichtungen auferlege, sondern »auch heilige Rechte« gebe. Das heilige Recht sei der Bundesgenosse des deutschen Volkes[15].

Nach Th. Soiron ist die Drohung Gottes durch Jeremias (29, 17. 19) an Serbien bereits in Erfüllung gegangen. Der treue Gott halte, was er versprochen habe. Und weil sich das katholische deutsche Volk »vor aller Welt dem heiligsten Herzen Jesu geweiht und einen Treuebund mit Gott geschlossen« habe, dürfe es auf ihn vertrauen[16]. Zum Vertrauen auf Gott tritt das »Vertrauen

---

[12] *H. Joeppen*, in: Das Schwert des Geistes, 476-480, hier 477. An anderer Stelle spricht *Joeppen* von der Verteidigung der »heiligsten und teuersten Güter« (Pfingstgedanken, ebd. 120).

[13] Ebd. 479; 480.

[14] *B. Heidelberger*, Unser Rechtsbewußtsein – ein Gottesbeweis, in: Chrysologus 55 (1915) 702-706, hier 703.

[15] Ebd. 705. Der Prediger schreibt weiter: Und wenn es kein Gottesbeweis war und ist, »dann bist du betrogen, dann hast du dich selbst betrogen, deutsches Volk. Dann wird dein heiliger Ernst zur lächerlichen Farce, dann wird dein Schwur, den du tatest mit zum Himmel erhobener Rechten, zur Pose, zum Theater. Dann sind sie in einem Wahn gestorben und haben umsonst geblutet, deren Trost es war im Sterben, daß sie für eine heilige Sache, für Recht und Pflicht ihr Herzblut hingegeben hatten« (705).

[16] *Th. Soiron*, Gott und der Krieg, 40. – *G. Kock* betätigte sich auch als Verfasser von Kirchenliedern, die teilweise vertont und in Gesangsbücher aufgenommen wurden. »Gottvater, schau' vom Himmel her / und segne du der Deutschen Wehr: / Wohlan denn zum gerechten Krieg, / Gott ist mit uns, Gott gibt den Sieg. / Wohlauf mit Gottvertrauen / Wir werden Hilfe schauen«. (Aus: Schwer ist die Zeit. Lieder zum Kirchenjahr, Regensburg 1919, 171).

auf unser gutes Recht, für das wir kämpfen, das Vertrauen auf unsere Soldaten in Armee und Marine«[17].

Die eigene gerechte Sache wird zum Kampf »im Namen der Gerechtigkeit«[18], Gerechtigkeit aber wiederum ist Sache Gottes. Die Folgerung wird von Peter Lippert gezogen: »›Gott mit uns!‹ Dieser Ruf ist geradezu die Formel und Losung der deutschen Kriegführung geworden«[19].

Es ist verständlich, daß eine ganze Reihe von Predigern dann auch nachweisen wollen, wie sehr »Gott mit uns« sei. Vor allem Gaudentius Koch kann sich nicht genugtun, die Hilfe Gottes unter Beweis zu stellen: Gott habe den »großen Hindenburg von jung auf zum Kriegshandwerk« hingelenkt[20]; er habe sogar das Erdbeben von Messina geschickt, als Italien sich mit Überfallplänen zu einer Zeit trug, da Österreich noch ungerüstet war[21]. Jeder gelungene Coup des Krieges wird Gott zugeschrieben, ob es sich um den Durchbruch eines Tauchbootes durch englische Sperren oder um die Explosion eines französischen Munitionslagers handelt[22]. Nach Aufzählung einer Reihe solcher und ähnlicher Hilfsbeweise schließt Koch seine Adventspredigt unvermittelt: »Feiern wir fröhlich die Ankunft des Herrn, denn Gott ist mit uns. Amen«[23]. Gegen den »heimtückischen Überfall«[24] sei Gott der Verbündete[25], der »Bundesgenosse, der nicht zu unterschätzen ist«[26], »der große Alliierte im Himmel«[27]. Die »deutsche Na-

---

[17] *G. Menge*, Eine Kriegsmahnung an alle Gläubigen, in: Chrysologus 55 (1915) 29.

[18] *J. Bernhart*, Wir treten zum Beten.

[19] *P. Lippert*, Die Gottesverehrung im deutschen Volke, in: Deutsche Kultur, Katholizismus und Weltkrieg, 75 bis 87, hier 76. Vgl. *P. Restle*, Vor der Schlacht, in: Das Schwert des Geistes, 474-476: »Gott mit uns! Mit Gott für König und Vaterland!« (474).

[20] *G. Kock*, Gottes Schlachtfeld, 94.

[21] Ebd. 10.

[22] *G. Koch*, Neue Fünfminutenpredigten, 131; vgl. E. Krebs, Am Bau der Zukunft, Freiburg 1915, nach dem Gott selbst »einem unserer Tauchboote die Treffsicherheit gewährte« (133).

[23] *G. Koch*, Gottes Schlachtfeld, 11.

[24] *Kilian*, in: Das Schwert des Geistes, 61.

[25] *J. Engel*, Osterleuchten. Kriegspredigten, Warendorf 1915, 72.

[26] *F. X. Kattum*, Was lehrt uns Katholiken der Krieg?, Regensburg 1914, 3.

tion (ist) der Augapfel Gottes«[28]. Er sei »mit uns, weil wir mit Gott!«[29]. Bischof Faulhaber predigte: »Der treue Gott, der im alten Jahre so sichtbar unsere Fahnen segnete und seinen Schild über uns hielt, wird auch im neuen Jahre mit uns sein«[30].

Noch 1919 spricht Engelbert Krebs das aus, was all die Jahre des Krieges als »Überzeugung ... das deutsche Volk (beherrschte): der Glaube an unsere gerechte Sache und darum an den sichern Beistand Gottes, der die gerechte Sache zum Siege führen

---

[27] *Wienke*, in: *C. Vidmar*, Kriegspredigten, V 43. – In welchem Maß die verschiedenen Prediger Worte des Kaisers aufgenommen und in ihren Predigten verwendet haben, soll nicht im einzelnen aufgewiesen werden. Einige Beispiele seien jedoch genannt, da sie manchem Prediger ein willkommenes Material lieferten (Die Texte sind dem dtv-Bändchen Nr. 354 entnommen: Reden des Kaisers, hrsg. von *E. Johann*, München 1966): In der »Seepredigt« vom 29. Juli 1900 beschwor Wilhelm II. die »heilige Streitmacht von Betern«, die »mit dem Schwerte in der Hand eintreten für unsere heiligsten Güter« (93). »Ja, der alte Gott lebt noch! Der große Alliierte regiert noch, der seine heilige Sache führen wird wider ein unheiliges Volk« (94). »Der ist ein Mann, der beten kann« (95); zur »Seepredigt« vgl. auch die Anmerkung ebd. 142 f. – Aus der Rede des Kaisers im Landesmuseum zu Münster am 31. August 1907: »Dann wird unser deutsches Volk der Granitblock sein, auf dem unser Herrgott seine Kulturwerke an der Welt aufbauen und vollenden kann. Dann wird auch das Dichterwort sich erfüllen, das da sagt: ›An deutschem Wesen wird einmal noch die Welt genesen‹« (122). – In dem »Aufruf an das deutsche Volk« vom 6. August 1914 heißt es, in diesem Krieg handle es sich »um Sein oder Nichtsein deutscher Macht und deutschen Wesens ... Vorwärts mit Gott, der mit uns sein wird, wie er mit den Vätern war« (126). – In seiner Ansprache im Hauptquartier vom 27. August 1914 sagt Wilhelm II., Gott »wird uns nicht verlassen, da wir für eine heilige und gerechte Sache einstehen« (127). Bei einem Feldgottesdienst in Polen am 5. März 1915 forderte der Kaiser »Vertrauen auf unsern großen Alliierten dort oben, der unserer gerechten Sache zum Siege verhelfen wird« (128). Bei gleicher Gelegenheit spricht er auch vom »Sturmgepäck des leichten Gewissens« (ebd.).

[28] *G. Koch*, Gottes Schlachtfeld, 2; 22: »Es gilt da Länder und Reiche, und gewinnen wird immer ein nüchternes und gläubiges Volk.« Das könne nur Deutschland sein, denn »wir stehen ihm ja nah, denn wir sind ein gottesfürchtig Geschlecht«.

[29] *F. X. Kattum*, Was lehrt uns Katholiken der Krieg?, 4; *A. Huber*, Die göttliche Vorsehung, 105.

[30] Die Losung im neuen Jahre, in: Das Schwert des Geistes, 22-28, hier 23. Die Treue zur Heimat, zum Fahneneid und zum Firmungseid werden hier unterschiedslos beschworen (26 f.).

wird«[31]. Noch einmal führt er die Treueverpflichtung Deutschlands gegenüber seinen Verbündeten an, zitiert deutsche Wahrhaftigkeit gegenüber der Bestechlichkeit ausländischer Beamter, die großartige deutsche Sozialgesetzgebung und den Neid der Imperialisten, der zum Kriege geführt habe[32], und stellt fest: »Die gerechte Sache ist unterlegen. Die Lüge hat gesiegt«[33].

## 2. Gegen das moderne Sodom

»Die öffentliche Sittlichkeit unseres Volkes war auf dem Wege nach Paris«[34]. Mit diesem Ausspruch gab Bischof Michael von Faulhaber das Stichwort, das von vielen Predigern oft und phantasievoll kommentiert wurde. Er gab die Richtung an mit dem Hinweis auf die »den französischen Koketten nachgeäffte Frauenmode, ebenso unsinnig wie undeutsch«[35]. Der Jesuit W. Sierp predigt: »Die deutschen Frauen ließen sich fremdländische, französische Moden aufdrängen, ließen sich leichtfertige und anstößige Kleidertrachten von auswärtigen Weltstädten aufzwingen, in denen zuletzt die Dirnen die Mode machten. Deutsche Frauen wurden Modenärrinnen im Dienste neuheidnischer, tief gesunkener Großstädte!«[36]. Dieses »fremde Modejoch«, die Ketten der »Zügellosigkeit und Lüsternheit von Paris« müßten abgeschüttelt werden. »Deutscher Zorn« solle die edlen Frauenseelen erfüllen. W. Sierp ruft: »Auf zum Kampfe dagegen im Namen des

---

[31] *E. Krebs*, Völkergeschichte und Gerechtigkeit Gottes, Freiburg 1919, 1 f.

[32] Ebd. 2 f.

[33] Ebd. 5.

[34] *M. von Faulhaber*, Waffen des Lichtes, 13. Zur »französischen Sittenlosigkeit« vgl. auch A. Senger (Weihbischof von Bamberg), Der Finger Gottes, in: Sankt Michael, 104 bis 108.

[35] Ebd; *B. Duhr*, In der großen Schicksalsstunde: »Die sittenlose Pariser Mode, die Schundliteratur und ein leichtsinniger, gottvergessener Lebenswandel« seien Götter und Götzen (18). Ähnlich *A. Obendorfer*, Herz Jesu in Kampf und Sieg, Regensburg-Rom 1915. (*A. Obendorfer* war Schriftleiter des Regensburger Diözesanblattes. Vgl. *W. Kosch*, Das katholische Deutschland, II 3297.)

[36] *W. Sierp*, Die Weihe Deutschlands an das Herz Jesu, Warendorf 1915, 41.

Herrn und in der Kraft des Herrn«[37]. Durch detaillierte Angaben über die »enganschließenden Kleider ..., die durchbrochenen Stoffe ..., die durchscheinenden und ausgeschnittenen Blusen«[38] wurden die Herz-Jesu-Weihepredigten zwar anschaulich, doch kaum angemessen.

Ein anderer Jesuit schreibt: »Wir wollen uns nicht zu Richtern aufwerfen, aber es ist doch eine allgemein bekannte Tatsache, daß die dunkle Welle der französischen Unsittlichkeit fast in alle Länder der gebildeten Welt geleitet wurde. Schmutzige Romane, liederliche Schaustücke, unzüchtige Kleidertracht sind zum großen Teil im Babylon des Westens entstanden«[39]. Die Rückkehr des siegreichen Heeres von Paris werde hoffentlich auch die »Umkehr und Abkehr vom Giftgarten des Seinebabels, des modernen Sodoma und Gomorrha« mit sich bringen[40], von dem die Deutschen »Mode und Unzucht« bezogen hätten[41]. Otto Karrer schreibt in einem Beitrag »Auf unsere gefallenen Krieger«, daß »der schöne Heldentod« der Soldaten zu neuer Manneszucht und zu neuem Lebensernst, zu Sittenreinheit und zu einem christlichen Leben des Volkes führen müsse, ansonsten würde ihr Blut zum Himmel schreien. »Die Tochter unseres Volkes, die wieder welschem Leben und welscher Mode sich ergibt: der öffentlichen Verachtung sei sie preisgegeben ...«[42]. Bischof W. von Keppler läßt die »toten Helden« zum Volke sprechen »über die verbrecherischen Versuche, das deutsche Wesen zu verseuchen durch welsche Art und Mode, durch Einschleppung einer fremdländischen giftigen Literatur, durch würdeloses Nachäffen ausländischer Kunstnarrheiten. Wir haben mitgeholfen, Deutschland von dieser Pest zu befreien...«. Es folgt die Forderung nach »Gesundheits- und Reinlichkeitspolizei für die Buchläden ...«. »Jaget über die Grenzen die Literaten, Künstler, Zeitungsschrei-

---

[37] Ebd.

[38] Ebd. 40.

[39] *E. Hemmes*, Totengräber des Friedens, in: Das Schwert des Geistes, 267-272, hier 269.

[40] *W. Dederichs*, in: Hom. Wiss. IX (1914/15) 162.

[41] *Ders.*, ebd. 121.

[42] Chrysologus 55 (1915) 56-61, hier 60.

ber, die um Geld deutsche Art verderben, deutsche Sitte verderben, Deutschland verpesten«[43].

Im Stil der Improperien des Karfreitags läßt ein Prediger Gott sprechen: »Mein deutsches Volk, was hab ich dir getan?«. Nach einem Hinweis auf den gottgeschenkten Sieg von 1871 lautet der Vorwurf jetzt auf Buhlerei mit der ehebrecherischen Tochter Frankreich und Nachahmung des Galliers in allem, was Gott ein Greuel sei[44]. Doch jetzt werde der Krieg wohl »den Eisenring sprengen, in den die Ausländerei die deutsche Eigenart eingezwängt hat«[45]. Man besinne sich wieder auf »die alte deutsche Keuschheit«, werde die französischen Namen auf der Speisenkarte tilgen und sich anstelle des »Adieu« wieder mit dem deutschen »Behüt-Gott« grüßen[46]. Das Abreißen französischer Firmenschilder sei zwar eine gute Tat[47], aber damit sei deren leichtfertiger Geist noch nicht ausgestorben[48]. Lange schon sei in Frankreich der »sittliche Untergrund unterhöhlt und verschlammt«[49]. Weil der »westliche Nachbar es seit langem mit frecher Stirn gewagt (hat), Gottes heilige Gesetzestafeln zu zerbre-

---

[43] P. W. von Keppler, Unsere toten Helden und ihr letzter Wille, Freiburg 1915, 18 f. (Dieses Buch hat P. Bormann bei der Angabe der Werke von Kepplers nicht mit aufgeführt. Vgl. LThK² VI 118 f.) – Bischof von Keppler stand wenigstens zeitweise unter dem Einfluß von Julius Langbehn, einem »Vertreter und Verfechter der nordischen Rasse«. So hat Langbehn zum Beispiel in einem Maße an der Abfassung der Rede von Kepplers vom 1.12.1902 über »wahre und falsche Reform« mitgewirkt, daß er nicht nur »hartnäckig auf der Aufnahme gewisser Ausdrücke bestanden« hat, sondern sich auch durchsetzen konnte (gemeint ist u.a. der Ausdruck »Margarinekatholizismus« als Bezeichnung für ein »modernisiertes Christentum«). Vgl. A. Hagen, Der Reformkatholizismus in der Diözese Rottenburg, 30; 27. – Zur Würdigung der Person und des Wirkens dieses bedeutenden Bischofs vgl. A. Donders, Paul Wilhelm von Keppler, Bischof von Rottenburg, ein Künder katholischen Glaubens, Freiburg 1935.
[44] J. Hensler, Wenn Gott für uns ist, wer ist wider uns?, Höchst o.J., 3.
[45] G. Menge, in: Chrysologus 55 (1915) 28; E. Krebs spricht von »Verrätern des deutschen Geistes und der christlichen Seele«; Das Geheimnis unserer Stärke, 115.
[46] K. Th. Hafner, Der Krieg im Lichte des Glaubens, 12 f.
[47] Ebd. 7.
[48] B. Duhr, In der großen Schicksalsstunde, 42.
[49] A. J. Rosenberg, in: Der deutsche Krieg und der Katholizismus, 114 f.

chen«, schmettere »ihn nun das Schwert des göttlichen Strafgerichtes zu Boden«[50]. »Mit dem Munde der Kanonen« lasse Gott das alte Gebot der Keuschheit neu verkünden[51].

Aber nicht nur sittlich, auch religiös hebt man sich von Frankreich ab. »Kein römischer Imperator der ersten 300 Jahre grausamer Christenverfolgung hat so systematisch die christliche Religion unterdrückt wie die atheistisch regierte französische Republik unserer Zeit«[52]. Wenn auch vor pharisäischer Selbstgerechtigkeit gewarnt wird, so hören die Gläubigen doch, daß das französische Volk »gotteslästerlich« sei, sich »Königsmördern zugesellt« habe und »verbrüdert ist mit den Russen, die seit Jahrhunderten die Kirche Gottes geknechtet haben bis in unsere Tage«[53]. Frankreich sei »aller Welt vorangegangen mit dem Krieg gegen Gott«[54]. Die Franzosen hätten »in ihrer großen Mehrheit das Beten längst verlernt«. Das augenblickliche »Gewinsel um Rettung« sei lediglich von Angst diktiert und nicht von Bußgesinnung[55]. Ihr Gebet sei rachsüchtig und haßerfüllt und gehe um bloß irdischen Ruhm[56]. Sie würden es »nach dem Siege voraussichtlich noch schlimmer treiben als zuvor«[57]. Darum sei es »menschlich gesprochen doch wohl kaum anzunehmen, daß Gott den Sieg beispielsweise den Franzosen geben wird, diesem Volke, dessen Regierung sich die Lichter am Himmel ausgelöscht zu haben gerühmt hat«[58].

Wenngleich die meisten Kommentare der französischen Moral gelten, so wird doch auch oft genug auf England verwiesen. So schreibt zum Beispiel E. Krebs: »Ist es unrecht, wenn wir nun

---

[50] *E. Stehlik*, in: Hom. Wiss. IX (1914/15) 63; vgl. *J. Landgraf*, Die Erhaltung unseres Lebens im Dienste der großen Zeit, München 1916: Gott als oberster Kriegsherr zerschmettere die Riesenheere der Feinde (81).

[51] *H. Wolf*, Unseres Volkes Stunde, 13.

[52] *A. J. Rosenberg*, in: Der deutsche Krieg und der Katholizismus, 123. Das ganze Zitat ist dort gesperrt gedruckt.

[53] *K. Th. Hafner*, Der Krieg im Lichte des Glaubens, 14.

[54] *J. Jatsch*, in: Chrysologus 56 (1916) 208-216, hier 214.

[55] *A. Zillig*, in: C. Vidmar, Kriegspredigten, II 100.

[56] *B. Duhr*, In der großen Schicksalsstunde, 66.

[57] *A. Zillig*, a.a.O.

[58] *K. Th. Hafner*, Der Krieg im Lichte des Glaubens, 14.

aus innerstem Herzen Gott bitten, daß er bald, recht bald unsern Heeren dazu verhelfe, Schrecken und Elend über England zu bringen?«. Nur dadurch könne der Krieg bald beendet werden[59]. Krebs legt die alttestamentlichen Fluchpsalmen auf England hin aus[60].

Die Beschreibung dieses Weges »nach Paris mit seinem Firnis sogenannter Freiheit über einem Pfuhl der Gott- und Sittenlosigkeit«[61] erfährt noch eine letzte Pointierung. »Die freigewollte Einschränkung der Kinderzahl ließ Frankreich gegenüber dem Deutschen Reich immer ohnmächtiger werden... Ein Volk, das so schwer gegen das die Ehe und das Kind schützende 6. Gebot Gottes frevelt, bekehrt sich nicht so leicht zum vollen und lebendigen Katholizismus«[62]. Die Prediger geben diesen Gedanken der von bekannten und honorablen Autoren verfaßten Denkschrift weiter: Frankreichs Heerführer riefen vergebens nach Reservetruppen. »Die Liebe zur Keuschheit entscheidet vielleicht zu dieser Stunde über die Geschicke der Völker Europas, über das Glück ganzer Nationen«[63]. Diese Stunde sei der Triumph der deutschen Mutter; denn Frankreich habe keine Kinder, seine Grenzen zu schützen[64]. Damit sei auch die kirchliche Ehegesetzgebung allen früheren Spöttern gegenüber gerechtfertigt. Denn die Kirche habe durch ihren oft verlachten Kampf gegen den Geburtenrückgang geholfen, dem Vaterland »seine schier unerschöpflichen Reserven an Soldaten« zu schaffen. Dafür sollte »Deutschland für ewige Zeiten der katholischen Kirche dankbar sein«[65].

---

[59] *E. Krebs*, Die Stunde unserer Heimsuchung, 58.

[60] *Ebd.* 55-64.

[61] *N. Peters*, Heldentod, 41.

[62] *A. J. Rosenberg*, in: Der deutsche Krieg und der Katholizismus, 115.

[63] *H. Balgo*, Judith oder Heldenkraft und Heldentod. Kriegs- und Fastenpredigten, Dülmen 1915, 59; *K. Benz*, Der eiserne Erzieher, 8.

[64] *H. Wolf* bietet als Vorschlag für ein den Eltern gewidmetes Denkmal: »Wir durften siegen, denn wir waren keusch und rein und stark, und schenkten uns'rem Lande Kinder voll Frommsinns und von edlem Mark«, in: Unseres Volkes Stunde, 13 f. Vgl. *J. Schofer*, Die Kreuzesfahne im Völkerkrieg, II 133 f.

[65] *H. Acker*, in: Chrysologus 55 (1915) 350.

So wird auch auf diese Weise die Gerechtigkeit der eigenen Sache demonstriert und Siegeszuversicht geweckt. Denn Gott könne sich »nicht auf die Seite der Verbrecher stellen«[66]. Und er lasse nicht »ohne Grund oder ungerecht Feuer und Schwefel über das Sodoma und Gomorrha der heutigen Welt regnen im Schrapnell- und Granatenregen der Schlachten, im Kugelregen der Kanonen, im Bombenwerfen der Luftschiffe und Flieger«[67]. Das von ungläubigen Franzosen verdrängte und von deutschen Soldaten ehrenvoll wieder aufgehängte Kreuz in einer französischen Schule sei ein Zeichen für das Wort, das jetzt wahr werde: »Und es soll am deutschen Wesen / Einmal noch die Welt genesen«[68].

---

[66] *J. Hensler*, Wenn Gott für uns ist, wer ist wider uns?, 7.

[67] *W. Dederichs*, in: Hom. Wiss. IX (1914/15) 162.

[68] *A. von Roth*, in: Hom. Wiss. IX (1914/15) 301. – Dazu auch *W. von Keppler*: »Zuerst muß das deutsche Wesen vom Mark aus genesen und alle die Giftstoffe der heillosen Fremdländerei ausstoßen; dann erst wird die Welt am deutschen Wesen genesen können« (Unsere toten Helden und ihr letzter Wille, 22). Vgl. auch die Kommentare von *Joseph Mausbach* im »Hochland« und die von *Carl Sonnenschein*, in: *W. Spael*, Das katholische Deutschland im 20. Jahrhundert, 176; 177. – Wozu deutsche Prediger fähig waren, möge der Auszug aus einer Predigt zeigen, die am Sonntag der heiligen Familie der »Sorge um die Kriegsgefangenen« gilt und in eine Predigerzeitschrift aufgenommen wurde. Die Blockade durch die Alliierten bereitete zunehmende Sorge. Der Prediger tröstet, bei den Aushungerungsversuchen »werden die Gefangenen zuerst und vor allem die Qual des Hungers zu verspüren bekommen« und mit Bittschreiben an London, Paris und Petersburg Einfuhren erbitten. »Und die Hilfe für die Gefangenen kommt in erster Linie uns zugute«. Außerdem seien die Gefangenen »auch eine Garantie für die Erstattung der Kriegskosten.« Und »wenn wir durch die Feinde in Gefahr kommen oder wenn die Kriegskosten nicht entrichtet werden, dürfen nach dem Völkerrecht die Gefangenen getötet werden«. Dabei soll jedoch nicht übersehen werden, daß die Sorgepflicht für die Gefangenen betont wird. *Uhl*, in: Hom. Wiss. IX (1914/1 5) 275 ff., hier 277.

### 3. Auf dem Weg zum Religionskrieg

**Bereitet dem Herrn den Weg!**

Auf die französische These vom Krieg als dem Kampf des deutschen Protestantismus und heidnischen Germanentums gegen
den Katholizismus entgegnet A. J. Rosenberg: »Der Krieg ist
nicht in erster Linie ein Religionskrieg, insbesondere nicht zwischen Katholizismus und Unchristentum. Schon ein flüchtiger
Blick auf die beiderseitigen Kampfgruppen zeigt das zur Genü-
ge«[69]. Doch in der Abwehr der französischen Attacke und der
Verteidigung der deutschen Rechte kommt er schließlich zu einer ähnlichen Deutung des Krieges, jetzt aber mit vertauschten
Rollen. Diese Entwicklung ist wohl schon in den Worten »nicht
in erster Linie« als möglich enthalten. »Die erklärten Kirchen-
feinde aller Völker haben sich die Hand gereicht, um gegen
Deutschland zu Felde zu ziehen«[70].

---

[69] Der deutsche Krieg und der Katholizismus, 120; vgl. *A. Zillig.* in: *C. Vidmar,*
Kriegspredigten, II 100.
[70] Ebd. 121. – Vgl. eine Predigt von *Adam*: »So ist es denn eine heilige Tat, für
diese deutsche Art in Kampf und Tod zu gehen«, womit deutsche Gründlichkeit

Bischof von Faulhaber meint, daß das Reich Gottes zwar nicht unmittelbar an den Kämpfen der Weltreiche beteiligt sei, weil es über den Völkern und Nationen stehe, aber doch »mittelbar ... durch den Gang und Ausgang des Völkerringens in Mitleidenschaft gezogen« werde[71]. Für N. Peters ist dieser Krieg »ein heiliger Krieg, ein Kampf für Gott und für unser Volk, für die Menschheit und für das Christentum! Für die Grundpfeiler der göttlichen Weltordnung«[72]. Die Entscheidung gehe um den Willen Gottes oder »die Sittenlehre der Wegelagerer unter den Nationen...«. Die deutschen Soldaten könnten sich als »Werkzeuge des Grimmes Gottes« betrachten[73].

Auf solche geistlichen und geistigen Autoritäten gestützt, vermögen die Prediger dem gläubigen Volk die deutsche Sendung klarzumachen. »Wie auf den katalaunischen Feldern das Schicksal der Kultur des Altertums gegen die Hunnen entschieden wurde, so wird jetzt gestritten um das Geschick der christlichen Kultur und damit um die Zukunft der Menschheit in heißem Ringen gegen das mit dem Barbarentum der Kultur Verbündete Hunnentum der Gottlosigkeit«[74]. So ist aus dem Krieg für eine gerechte Sache ein »Krieg um das heilige Recht selbst (geworden) ..., ein Krieg um die heiligsten Güter menschlicher Sitte, um jene Güter, die uns die christliche Kultur geschenkt hat«[75]. Gegen das Chaos[76] kämpfe Deutschland für die Ordnung.

---

und Innerlichkeit als Gaben des »deutschen Genius« gemeint sind. Dieses deutsche Wesen werde durch Sklaventum und die britische Weltmacht bedroht. (Der Kampf für deutsches Wesen, in: Sankt Michael, 350-352. Der Vorname des Autors ist nicht angegeben. Der Beitrag ist gezeichnet mit »a.o. Univ.-Prof. Dr. Adam, Religionslehrer am K. b. Kadettenkorps in München«).

[71] Waffen des Lichtes, 32.

[72] Heldentod, 38.

[73] Ebd. und 39. – *H. Mohr*, Gottesstreiter, 105: »Gottes feuriges Schwert müßtet ihr werden zur Vertilgung des Bösen. Ihr ranget wider Wilde und Heiden ...«

[74] *N. Peters*, Heldentod, 43.

[75] *A. Heiligenbrunner*, in: *C. Vidmar*, Kriegspredigten, V 74; vgl. *J. Stelzle*, In schwerer Zeit, München 1914, 7; *H. Joeppen*, in: Das Schwert des Geistes, 120; *K. Beck*, in: Hom. Wiss. IX (1914/15) 229; *A. Leinz*, Am Grabe unserer Helden, Freiburg 1915, 10, Anm. 1; *F. X. Brors*: »Mit Gott in den Krieg für die heiligen Güter des Christentums und seiner segenströmenden Kultur«: Der Kaiser rief, Berlin 1915, 22.

Im letzten gehe es im gegenwärtigen Krieg »um nicht mehr und nicht weniger als um die Aufrechterhaltung der christlichen Weltordnung, um die Grundsätze der christlichen Moral und Bergpredigt im Leben der Völker...«[77]. Falls bei der »Neugestaltung Europas der sibirische Osten« mitbestimmen könnte: »Die Kirche würde zum Mamertinischen Kerker ... «; und falls die neuen Gesetze vom Westen erlassen würden: »Die Kirche würde wie Agar mit Wasser und Brot in die Wüste gesetzt«[78]. Im Deutschen Reich sieht man die Schutzmacht der Kirche, außerhalb seiner Grenzen gibt es anscheinend nur Heidentum und Barbarei. »Was drohte unserer Kirche, unserer christlichen Schule und Erziehung, unserem christlichen Volksleben, wenn jene über uns Herr würden, die frivol sich rühmten, sie fürchten weder die Deutschen noch ihren Gott, jene, die sich brüsteten, die Lichter am Himmel ausgelöscht zu haben, die Nation der offiziellen, erklärten Gottlosigkeit im Staatsleben, und auf der anderen Seite die Nation der asiatischen Knute und Barbarei!«[79].

Wir dürfen nicht nur, »wir müssen Krieg führen«, denn es sei »der Krieg, der dem Herrn gefällt«[80]. Es bedürfte nicht mehr eigens des alten Rufes »Gott will es«, um die Kreuzzugsideologie deutlich werden zu lassen[81]. Und die Bitte um den »Endsieg« stellt sich bei solcher Sicht fast von selbst ein[82].

---

[76] *E. Krebs*, Am Bau der Zukunft, 144.
[77] *A. Worlitschek*, Krieg und Evangelium, I 62.
[78] *G. Koch*, Neue Fünfminutenpredigten, 44; vgl. *A. Bertram*, Kirche und Volksleben, 190.
[79] *J. Schofer*, Die Kreuzesfahne im Völkerkrieg, II 131 f.
[80] *B. Duhr*, In der großen Schicksalsstunde, 12; *A. Worlitschek*, Krieg und Evangelium, I 61: Der Krieg »steht im Einklang mit dem heiligen Willen der Gottheit«.
[81] *G. Stiefenhofer*, in: *C. Vidmar*, Kriegspredigten, II 82 ff.
[82] *W. von Keppler*, in: Das Schwert des Geistes, 106.

## 4. Die Identifizierung
### von Deutschlands und Gottes Sache

Die letztmögliche Steigerung ist die der Identifizierung der deutschen Sache mit der Gottes und Jesu Christi. Und auch dieser Schritt wird von einigen Predigern getan. Der Kampf »für den christlichen Staatsgedanken in einer entgotteten Welt«[83] mit dem Schlachtruf: »Hie Kraft des Herrn und Hindenburg«[84] diene der Erneuerung der Welt, die sich in der religiös-sittlichen Erneuerung schon anbahne. Im Wissen darum, daß jetzt »der große Gerichtstag, die Stunde der Gerechtigkeit«[85], gekommen sei, »jubelte die Jugend des Volkes den Aufgaben des Krieges entgegen, als gälte es, Hochzeit zu feiern, Hochzeit der siegesfreudigen Nation mit ihrem Gott!«[86]. Noch habe die Kirche in Deutschland und Österreich »eine gastliche Heimstätte«, doch diese solle haßvoll vernichtet werden, der »Krieg der Hölle gegen Christi Reich« sei entbrannt[87]. Doch Gott stand »auf von seinem Thron, erhob seinen diamantblitzenden Schuh und trat auf Frankreich, daß alle Felsen knirschten. Und plötzlich hörte man's rauschen, weithin am Horizont, wie von vielen Wassern: das waren Deutschlands Heere«[88]. Engelbert Krebs kommentiert die Anfangserfolge der deutschen Truppen: »Mit Entsetzen schauen wir, wie unser Nachbarland, das vor wenigen Jahren sich amtlich und feierlich von dem Gotte losgesagt hat, an welchen wir uns betend wenden, wie dieses Volk nun einem furchtbaren Strafgericht anheimfällt«[89]. Der Kampf »für Gott gegen Satanas«[90] ginge »für die alten Gebote vom Sinai gegen die Höllensittenlehre der Moderne

---

[83] *H. Wolf*, Unseres Volkes Stunde, 27; 10: »Es ist ein Kreuzzug, 's ist ein heil'ger Krieg«.

[84] *G. Koch*, Gottes Schlachtfeld, 25.

[85] *W. Dederichs*, in: Hom. Wiss. IX (1914/15) 162.

[86] *G. Stipberger*, Vater, ich rufe dich, 14.

[87] *P. Hasenöhrl*, Bedeutung des Weltkrieges für die katholische Kirche, in: Der Prediger und Katechet 67 (1917) 564 bis 567, hier 565.

[88] *G. Koch*, Gottes Schlachtfeld, 47.

[89] *E. Krebs*, Die Stunde unserer Heimsuchung, 23.

[90] *N. Peters*, Heldentod, 37. Dort ist auch die Rede vom »Gotteskrieg«.

aus dem Jenseits von Gut und Böse«[91]. Dieser Krieg sei der Kampf der Gottesstreiter wider die Satansknechte und »letzten Endes« durch nichts anderes als durch den Ruf »Hie Christ, hie Antichrist« bestimmt[92]. Der Domkapitular J. Leicht predigt: »Steht nicht unserem Bekenntnis zu Gott auf der Seite unserer Feinde die Abkehr von Gott gegenüber? Und so wird in diesem Krieg der Schutzengel des deutschen Volkes St. Michael den alten Schlachtruf für Gott mit uns erheben, er wird mit uns kämpfen an der Spitze unsrer tapferen Soldaten, die gleichfalls sich zu Gott bekannt haben, da sie mit ganz geringen Ausnahmen durch Empfang der heiligen Sakramente sich vorbereitet haben, ehe sie in den Kampf gezogen sind ... ›Wer ist Gott?‹. Dieser Schlachtruf unseres Schutzengels St. Michael ist unsre Losung in diesem Kampfe«[93].

Ein Prediger malt das Bild der Zukunft: »Ja, die Weltenherrschaft unseres lieben deutschen Volkes muß ein Zeitalter der Eucharistie, ein Zeitalter der innigsten Vereinigung, des häufigsten Empfanges des Leibes und Blutes Christi werden, und in der Kraft dieser Speise wird jene Herrlichkeit (gemeint ist die des neuen Deutschen Reiches! der Ref.) ewig bestehen, in Treue fest. Mir schwebt da ein herrliches Bild vor Augen. Ich sehe da einen herrlichen Kaisergreis im Silberhaar, vielgeprüft, aber majestätisch groß, und neben ihm einen wettergebräunten kernfesten Herrscher in der Kraft der Jahre, wie sie über ihren Völkern thronen, die glücklichen Zeiten durchleben, und in ihrer Mitte, da schwebt in himmlischem Glanze eine weiße Gestalt, der eucharistische Gott und Weltenkaiser. Ja, wenn dieser Dreibund besteht, wenn diese drei Kaiser ihren Völkern gebieten, der himmlische Kaiser und die beiden Herrscher auf Erden im Schutze des Herrn: Ja, ›lieb' Vaterland, magst ruhig sein, fest steht und treu die Wacht am Rhein‹. O möge die Tat der beiden Herrscher Wilhelm und Franz Joseph bei Beginn des heutigen Schlachtendramas, der Empfang der heiligen Kommunion bzw.

---

[91] *Ders.*, Der Krieg des Herrn, Vorwort X.
[92] *H. Wolf*, Unseres Volkes Stunde, 67.
[93] Sankt Michael, 18.

des Abendmahls, die Ouvertüre zu jenem idealen Zeitalter bilden, der Kaiserherrlichkeit, der heiligen Eucharistie!«[94]. Gewiß sind Predigten dieser Art Ausnahmen gewesen. Doch stimmt es nachdenklich, daß dieses Buch von Wolf »in der Kritik manche Anerkennung geerntet« hat[95]. Der Rezensent im »Chrysologus« meint zwar, daß es »hie und da patriotische Übertreibung« aufweise, doch meldet er zum zitierten Ausschnitt lediglich zu den die Eucharistie betreffenden Stellen seine Kritik an, indem er ein Ausrufezeichen hinter das »bzw.« setzt, das Kommunion und Abendmahl miteinander verbindet[96].

Verbreitet war jedoch die Auffassung vom »Sieg der Wahrheit über die Lüge, (vom) Sieg der Gerechtigkeit über die Niedertracht, (vom) Sieg des Gottesreiches über die Finsternis«[97].

Eine der wenigen warnenden Stimmen gegen jede Art von »Kreuzzugspredigt« ist der Artikel von Th. Soiron »Die Predigt während der Kriegszeit«[98]. Soiron sieht die Gefahr, daß Gefühle geweckt werden, »die dem Wehen des Geistes widerstehen«, und fordert als erstes und wichtigstes Anliegen, den prüfenden und strafenden Willen Gottes zu erkennen und das Leben zu bessern. Durch Gebet, Empfang der heiligen Sakramente und Liebesopfer werde der wahre Beitrag zum Sieg geleistet. Allerdings kann auch er sich nicht den »Seitenblick auf Frankreich« versagen und betont gegenüber »demoralisierenden Tendenzen« die positive Kraft eines sittlichen Lebens in Ehe und Familie mit ihren Auswirkungen auf die Volksgesundheit[99], »damit mit der

---

[94] H. Wolf, Unseres Volkes Stunde, 76.

[95] C. Loenartz, in: Chrysologus 56 (1916) 368.

[96] Ebd. Sein Gesamturteil ist »nicht empfehlend«.

[97] J. Landgraf, Die Erhaltung unseres Lebens im Dienste der großen Zeit, 82 (Landgraf war Domprediger und Stadtrat in München. Vgl. W. Kosch, Das katholische Deutschland, II 2463). – Auf einem Werbeblatt der Bonifatius-Druckerei in Paderborn ist zu lesen: »Der gewaltige Krieg, unter dem jetzt der Boden Europas erzittert, darf mit Recht ein ›Krieg des Herrn‹ genannt werden. Es handelt sich für Deutschland und Österreich-Ungarn in der Tat um einen heiligen Gotteskrieg, in dem gekämpft wird für die Aufrechterhaltung der Grundlagen der christlichen Kultur, wie sie enthalten sind in den alten Geboten vom Sinai ...«

[98] Theologie und Glaube 6 (1914) 719-724.

[99] Ebd. 722.

nationalen und politischen Machtstellung, auf die uns der Krieg erheben wird, auch die sittlich-religiöse Hebung unseres Volkes wachse und sich befestige«[100]. – Der Bischof von Rottenburg, W. von Keppler, sagt jedoch: »Der Kampf um das Deutsche Reich soll zu einem Kampf um das Reich Gottes werden«[101].

## 5. *Der Kaiser als Repräsentant des Göttlichen*

Dem Kaiser, dem angeblichen »Stellvertreter Gottes«[102], wird von vielen Predigern eine besondere Bedeutung im Kriege zuerkannt. Er »herrscht im Namen Gottes«[103] und sei »ein treuer Führer und ein geradezu idealer Herrscher«. Die Vorsehung habe ihn geschenkt, er sei »Dolmetsch des göttlichen Willens, ... ein zuverlässiger Verkünder, ein treuer Bote, ein liebenswürdiges Abbild des göttlichen Herrscherwillens«[104]. Nach traditioneller katholischer Auffassung »ist rechter Fürstendienst Gottesdienst«[105]. Die Soldaten kämpfen für das Vaterland, aber auch »für Gott: weil Gott durch den Kaiser zum Gehorsam rief. Das große Gebot der Liebe und das vierte Gebot wirken zusammen«. Viermal betont Otto Karrer auf einer Seite: »Der Kaiser ruft, Gott ruft!«. Die Vaterlandsliebe des Soldaten »wird Religion«[106].

Der gottbestellte Führer, »diese erzstarke Herrschergestalt mit dem goldenen Herrschergewissen, diese(r) Reinwuchs deut-

---

[100] Ebd. 724.

[101] Zitiert nach *A. Knöpfler*, in: Deutsche Kultur, Katholizismus und Weltkrieg, 286.

[102] *G. Beyer*, in: Chrysologus 57 (1917) 118.

[103] *A. Donders*, Von Gottes Gnaden, in: Das Schwert des Geistes, 367-374, hier 368. Zum Ganzen vgl. Vaterländische Feiertage, ebd. 362-396.

[104] *P. Lippert*, in: Deutsche Kultur, Katholizismus und Weltkrieg, 85; vgl. *M. von Faulhaber*, in: Das Schwert des Geistes, 367.

[105] *C. Loenartz*, in: Chrysologus 56 (1916) 114 f.

[106] *O. Karrer*, in: Chrysologus 55 (1915) 57. – Der Ruf des Kaisers war »ein Ruf für uns alle«: Kriegshirtenbrief des Kardinalerzbischofs von Köln, Februar 1915, zitiert bei *F. X. Brors*, Der Kaiser rief, 22. *Brors* folgert daraus und schließt seinen Aufsatz: »Der Kaiser rief! Dem Kaiser nach – durch Not und Tod! Hurra!« (ebd.).

scher Kraft, diese majestätische Verkörperung soldatischer Edelart«[107], stehe in »schwerster Zeit seinem ganzen Volke als leuch-
tendes Beispiel der Gottesfurcht und des Gottvertrauens vor Augen« und solle das deutsche Volk »in eine neue Zeit an Gottes
Hand hineinführen«[108]. Er mache Deutschland »einer ganzen
Welt gegenüber unbesieglich«[109]. Die »betenden Heldenkaiser«
seien allen ein Vorbild, und das Kaiserwort »Ich kenne keine
Parteien mehr« sei nichts anderes als das Johanneswort »Brüder,
liebet einander!«[110]. »Des Kaisers Gnade« erlaube es, »mit Gott
für Kaiser und Vaterland zu streiten und zu siegen...«[111]. Im
Kampfe gegen die Gottesfeinde schwinge er »fast wie ein zweiter
St. Michael das Gottesschwert«[112].

Bischof Keppler empfiehlt den Soldaten als Vorsatz: »Ich will
demütig und bescheiden bleiben und Gott die Ehre geben, wie
mein Kaiser, wie meine berühmtesten Feldherren«[113]. Denn – so
Bischof Faulhaber – während Cäsar im Jahre 47 seinen Sieg bei
Zela mit den Worten »Ich kam, ich sah, ich siegte« gemeldet habe, sei des Kaisers Äußerung nach dem ersten Sieg in Lothringen
gewesen: »Gott war mit uns. Ihm allein sei die Ehre«[114].

Jesus Christus, der das Kreuz getragen hat, habe »mit einem
dreifachen Bekenntnis die Rechte der Kaiserkrone anerkannt«[115],
nämlich in der Unterordnung unter die verfügte Volkszählung,
durch seine Steuerzahlung und durch die Anerkennung des von
Pilatus ausgeübten Richteramtes. Daraus folgert Bischof Faulhaber: »Das lebenslängliche Bekenntnis zu den Kronrechten des
Kaisers ist Nachfolge Jesu. Gerade als Jünger des Gekreuzigten

[107] M. von Faulhaber, in: Das Schwert des Geistes, 362.
[108] C. Loenartz, in: Chrysologus 56 (1916) 117. E. Stehlik, in: Hom. Wiss. IX (1914/15) 64: das »Sprichwort: durch Kreuz zum Licht« wird »zum siegesfrohen, welt-überwindenden Prophetenruf«, weil »aus solchem Fürstenmund gesprochen«.
[109] C. Loenartz, in: Chrysologus 58 (1918) 124.
[110] A. Obendorfer, Das Ave-Maria im Völkerkriege, Regensburg-Rom 1915, 40.
[111] B. Duhr, In der großen Schicksalsstunde, 105.
[112] H. Wolf, Unseres Volkes Stunde, 67.
[113] Kampf gegen die Versuchung des Teufels, in: Das Schwert des Geistes, 67-71, hier 69.
[114] Kreuz und Krone, in: Das Schwert des Geistes, 362 bis 367, hier 366.
[115] Ebd. 363.

grüßen wir in Ehrfurcht und Treue den Träger der Krone«. Das »Bekenntnis des Gekreuzigten zur Krone« sei »ein heiliges Evangelium des staatsbürgerlichen und soldatischen Gewissens«[116].

Ein Jahr vor dem Kriegsende wählt der deutsche Episkopat in einem gemeinsamen Hirtenschreiben zum Feste Allerheiligen als »Leitwort«: »Gebet Gott, was Gottes ist, und dem Kaiser, was des Kaisers ist«. Die Bischöfe halten dieses Schriftwort für »ein Wort, welches das religiöse und bürgerliche Leben des Christen regelt und zusammenschließt«. Die Gläubigen werden aufgerufen, daran festzuhalten, »und ihr werdet nicht in die Irre gehen«[117]. Die Verpflichtung des Katholiken zur Treue und zum Gehorsam gegenüber dem Kaiser und dem Landesfürsten werden noch einmal eingeschärft. »Wir wissen ja, ... daß jeder, der sich der obrigkeitlichen Gewalt widersetzt, sich der Anordnung Gottes entgegenstellt, und die sich dieser entgegenstellen, ziehen sich selber die Verdammnis zu (Röm 13, 1 f.)«. Gott selber habe in die Hand des Kaisers und des Landesfürsten »im Laufe einer Entwicklung von Jahrhunderten den Herrscherstab gelegt ... Wir haben es als brennende Schmach empfunden, daß man es wagte, uns den Frieden anzubieten als Judaslohn für Treubruch und Verrat am Kaiser«. Die Bischöfe fahren fort: »Seiner ganzen Vergangenheit getreu, wird das katholische Volk alles zurückweisen, was auf einen Angriff gegen unsere Herrscherhäuser und unsere monarchische Staatsverfassung hinausläuft. Wir werden stets bereit sein, wie den Altar so auch den Thron zu schützen gegen äußere und innere Feinde, gegen Mächte des Umsturzes, die auf den Trümmern der bestehenden Gesellschaftsordnung einen erträumten Zukunftsstaat aufrichten wollen, gegen jene geheimen Gesellschaften, die dem Altar und dem Thron den Untergang geschworen haben. Welch unheilvolle Rolle haben gerade diese im Weltkriege gespielt, und wie steht unsere Kirche gerechtfer-

---

[116] Ebd. 365.
[117] Abgedruckt in: Deutschland und der Katholizismus. Gedanken zur Neugestaltung des deutschen Geistes- und Gesellschaftslebens, hrsg. von *M. Meinertz* und *H. Sacher*, 2 Bde., Freiburg 1918, hier I 430.

tigt da, die immer vor ihnen warnte und den Katholiken den Beitritt strengstens verbot!«.[118]

Christi Kreuz der Maßstab der Welt.

„Wenn ich von der Erde erhöht bin,
werde ich alles an mich ziehen."
Joh. 12, 32.

---

[118] Ebd. 432.

# III. Die Religion im Dienst des Vaterlandes

## 1. Die Bedeutung der Priester

Aus apologetischen Gründen beschäftigten sich eine Anzahl Prediger damit, die Nützlichkeit der Religion und der Kirche für Deutschland und seinen gegenwärtigen Krieg nachzuweisen und ihre »Bedeutung für die Ermunterung der Soldaten zur treuesten Pflichterfüllung auf jedem Posten im Dienste des Vaterlandes«[1] darzulegen. Dabei sei den »Priestern die Hebung der Volkskraft, die Erhaltung der Volksexistenz, die Bewahrung der Schlagkräftigkeit der Armee am Herzen gelegen, vor allem die Tugendbewahrung um Gotteswillen«[2]. Voller Genugtuung wird festgestellt, daß auch militärische Kreise das Wirken der Geistlichen anerkannt hätten, weil sie »durch ihr Wirken und durch ihre Ansprachen die Truppen in der Vaterlandsliebe bestärkten und in ihnen den Vorsatz befestigten, treu und fest bis zum Ende durchzuhalten«[3]. In den »Gedanken für eine Ansprache vor der Rekrutenvereidigung« schreibt ein ungenannter Verfasser, daß der Rekrut mit dem Schwur »die Sache des Vaterlandes zur Sache des Allmächtigen« mache und Gott selbst den verletzten Eid rächen werde. Gott wisse den zu finden, der Seinen heiligen Namen mißbraucht habe[4]. Stolz auf das Ergebnis priesterlichen Wirkens äußert ein Verfasser: »An einem Volke, das wie die deutschen Katholiken sich in der Mobilmachung bewährt hat,

---

[1] *F. X. Eberle*, Die katholische Feldseelsorge im Etappen-Inspektions-Bereich der 6. Armee (1914/16), München 1916, 45. Vgl. Gedanken für eine Ansprache vor der Rekrutenvereidigung, in: Chrysologus 55 (1915) 697-700.
[2] Ebd. 69.
[3] *A. Deneffe*, in: Chrysologus 55 (1915) 713; vgl. *G. Koch*, Gottes Schlachtfeld, 123: »Die Geistlichen haben Deutschland und Österreich zur Pflicht und zur Tatkraft erzogen.«
[4] Chrysologus 55 (1915) 697-700.

wird aller Pessimismus zuschanden. Gott sei Dank: ganz umsonst haben wir Priester nicht gepredigt«[5].

## 2. Die Rolle der kirchlichen Gnadenmittel

Die Hauptquellen für die Kraft der kämpfenden Truppe wie für die Heimat sehen die Prediger in den Sakramenten der Kirche wie im Gebet. Die Gnadenmittel der Kirche seien »Beruhigungsmittel«, die die Todesgefahr ertragen ließen[6]. Weil die Sakramente Frieden mit Gott schaffen, »kann man mutig selbst dem Tod ins Auge sehen«[7]. Wie man die Schlachtelefanten des Altertums durch das Zeigen von Taubenblut begeistert habe, »so begeistern sich christliche Helden zum Leidensmut, indem sie sich das Blut dessen vor Augen halten, der sich für uns auf die Kelter gelegt« hat[8]. In einer Predigt »Das heiligste Sakrament gehört für den Krieg und erinnert an ihn«[9] stellt ein Prediger noch 1917 die Frage: »Ob nicht auch das übernatürliche Brot des allerheiligsten Altarssakramentes seinen Anteil an den Erfolgen dieses blutigen Krieges hat?«, und meint, daß die Tapferkeit der »bayerischen Löwen« nicht zuletzt in der »Nähe Gottes im Sakrament« ihren Grund habe. Aber auch das Fronleichnamsfest in der Heimat mit seinen »auf den Kriegston« gestimmten Gebeten und Gesängen sei »ein eigentlicher Kriegszug, eine Truppenbewegung der streitenden Kirche zur Unterstützung der kämpfenden Heere ...«[10].

---

[5] Ebd. 285.

[6] *A. Worlitschek*, Krieg und Evangelium, I 8. Nach *K. Hagenmeier* ist die Kriegskommunion »eine patriotische Tat allerersten Ranges«: Krieg und Kanzel, III 219.

[7] *A. Deneffe*, in: Chrysologus 55 (1915) 713.

[8] *A. Worlitschek*, Krieg und Evangelium, I 39.

[9] *J. Braun*, in: Der Prediger und Katechet 67 (1917) 384-391.

[10] *W. von Keppler*, in: Das Schwert des Geistes, 127; vgl. *K. Hagenmeier*, Krieg und Kanzel, II 16 ff; dort auch im Vorwort: »Das vom deutschen Episkopat angeordnete Kriegs-Triduum war nicht nur im Reich der Gnade eine herrliche Großtat von weittragender Bedeutung, sondern auch für unser deutsches Reich und Vaterland eine patriotische Tat und eine nicht zu unterschätzende Hilfsmacht für unsere Truppen.«

**Die Wunderkraft der heiligen Kommunion.**

Die Kommunion mache die »Krieger zu Helden« und lasse sie »Märtyrertaten« vollbringen[11]. Die Engel kennten Wege und Bahnen der Kugeln und Granaten. Man solle zu ihnen beten, damit sie die Soldaten beim Herannahen der feindlichen Geschosse zur Seite nähmen. Doch die Engel sollen nicht nur schützen, es soll auch »mit diesen gewaltigen Streitern und Schützen voran gegen die Übermacht« gehen. »Mit den Engeln durch Kampf zum Sieg!«[12]. Der häufig zitierte Rosenkranz als »das ideale Kriegsgebet« von den Albigenserkriegen über Lepanto bis zu Andreas Hofer gehöre zum »Kriegsarsenal«[13] und vervollständige »die Kriegsbereitschaft und Siegesbürgschaft«[14]. Er sei ein »Evangelium in der Westentasche ..., das geistige Schwert Goliaths, das jeder handhaben und schwingen kann!«[15].

---

[11] G. Koch, Gottes Schlachtfeld, 84.

[12] F. X. Kattum. Die Kriegsarmeen über uns, in: Hom. Wiss. IX (1914/15) 110 f.

[13] Engel, in: Hom. Wiss. IX (1914/15) 90; J. Canis schreibt: »Der glorreiche Rosenkranz endlich gibt uns die Versicherung, daß Gott jederzeit mit der gerechten Sache ist, auch ein heiliger Trost«: Der Rosenkranz in der Kriegszeit, in: Hom. Wiss. IX (1914/15) 146 f.

[14] A. Worlitschek, Krieg und Evangelium, I 14.

[15] Ebd. II 23 (das »Schwert Goliaths« ist kein Schreibfehler des Referenten).

### 3. Der Glaube als Quelle vaterländischer Tugenden

Der Sieg werde nicht garantiert durch Kanonen und Ausrüstung, sondern durch »die seelisch-sittliche Rüstung der Truppen«[16]. Die aber werde durch den Geist Jesu gegeben, der als »Heldengeist die stärkste Kriegshilfe« sei[17]. »Der Glaube (ist) die beste und bewährteste Heldenschule ..., aus welcher viele Millionen Märtyrer hervorgegangen sind«[18]. Ja, »ohne Gottesglauben ist die Treue bis in den Tod als sittliche Pflicht im Völkerleben überhaupt nicht zu begründen«[19]. So habe es auch der Kaiser gesehen und habe es ausgesprochen: »Nur ein guter Christ kann auch ein guter Soldat sein«[20]. Ganz im Geist der urpatriotischen Gesinnung Jesu, der nie die Grenzen seines Vaterlandes überschritten habe[21], sehe die Kirche im Dienst am Vaterland Gottesdienst[22]. Sie »sichert wie keine andere Macht die Untertanentreue«, weil sie selbst ganz auf Autorität gebaut sei. Die Erziehung zum Gehorsam gegen die Leitung der Kirche komme dem Staat zugute, weil der Katholik in ihm »Gottes Stellvertreter in weltlichen Dingen erkennt; ... Darum auch die Erfahrung, daß staatsumstürzlerische Bewegungen nirgendwo einen schlechteren Nährboden finden als in gut katholischen Herzen, in denen wahrhaft der Glaube lebt«[23]. Weil die Kirche »mit aller Gewalt die Achtung vor der staatlichen Autorität gepredigt« habe, vereitelte sie die Hoffnung der Gegner auf inneren Zwiespalt und Umsturz. Trotz des Kulturkampfes seien die Katholiken in ihrer Staatstreue nie erschüttert worden. »Wegen der Erziehung zur Pflicht, zur Ach-

---

[16] Ebd. 11 4; vgl. *J. Jatsch*, Unser Gottesglaube und der Krieg, 81 f.

[17] *F. Zoepfl*, in: Chrysologus 55 (1915) 594. *H. Acker* – und mit ihm viele andere – betont »besonders die Tugend der christlichen Geduld und des standhaften Durchhaltens ..., die uns bei der längeren Dauer des schrecklichen Krieges so notwendig sind«. *H. Acker* (Hrsg.), Der große Verbündete. Kriegspredigten, Paderborn, Bd. I 1914; Bd. II 1915; hier II Vorwort.

[18] *H. Balgo*, Judith oder Heldenkraft und Heldentod, 3.

[19] *M. von Faulhaber*, in: Das Schwert des Geistes, 248.

[20] *C. Loenartz*, in: Chrysologus 54 (1914) 567.

[21] *A. Worlitschek*, Krieg und Evangelium, I 5.

[22] *H. Acker*, in: Chrysologus 55 (1915) 351.

[23] *O. Cohausz*, in: Chrysologus 56 (1916) 809.

tung vor der rechtmäßigen Autorität« gebühre heute der Kirche der Dank eines jeden echten Deutschen[24]. Die Wurzeln für Gehorsam und Manneszucht ruhten im Glauben[25]. Der Geist Jesu biete Heldengeist und sei darum die stärkste Kriegshilfe[26]. Insbesondere die heilige Kommunion sei »dem Soldaten Kriegsschule soldatischen Opfergeistes«[27]. Durch die heilige Religion empfange der vaterländische Opfersinn seine höchste Weihe[28]. In einer Neujahrspredigt spricht Bischof von Faulhaber von der Treue als einer sittlichen »Großmacht im deutschen Volkscharakter«[29]. Er erinnert an die Treue zur Heimat, zum Fahnen- und zum Firmeid und sagt: »Treue, das Mark der Tapferkeit, ist also Nachfolge Jesu!«[30]. An anderer Stelle nennt er die Treue Edelmannsart, Soldatenart, Germanenart und Gotteskinderart. »Erst durch die Glaubenslehre: Gott fordert die Wege der Treue, erhält die Fürsten- und Fahnentreue für das Volksgewissen die volle Majestät der Pflicht«[31].

Auch Kardinal von Bettinger, Feldpropst der bayerischen Armee, sagt in einer Ansprache: »In dem Vorgesetzten, der in Erfüllung seiner amtlichen Pflichten befiehlt, erblickt der gläubige Christ den Stellvertreter Gottes in diesem Machtbereiche; die Erfüllung dieser Anordnungen gilt ihm darum als Erfüllung des göttlichen Willens«[32]. Der Benediktiner P. Restle kommentiert: »Wer als Soldat nicht gehorchen wollte, wäre ein Verräter, ein Verbrecher an der Kraft und an der Festigkeit und am Siege des deutschen Volkes und Heeres. Kameraden! Wahret diese heiligs-

---

[24] *H. Acker*, in: Chrysologus 55 (1915) 349; durch ihre Predigt habe die Kirche die Grundlagen zur Kriegführung geschaffen, nämlich durch die Erziehung zu Disziplin, Ordnung, Gehorsam usw. (ebd. 350).

[25] *J. Sartorius*, in: Chrysologus 55 (1915) 289; *H. Balgo*, Judith oder Heldenkraft und Heldentod, 3; *J. Jatsch*: »Erst die Religion gibt dem Patriotismus festen Grund und eine heilige Weihe«: Unser Gottesglaube und der Krieg, 88.

[26] *F. Zoepfl*, Der Krieg und Christus, in: Chrysologus 55 (1915) 594.

[27] *M. von Faulhaber*, in: Das Schwert des Geistes, 345.

[28] *A. Bertram*, Kirche und Volksleben, 429.

[29] Das Schwert des Geistes, 26.

[30] Ebd. 27.

[31] Ebd. 245-249, hier 248; ähnlich 467-471.

[32] Ansprachen an der Westfront, in: Das Schwert des Geistes, 502-517, hier 504.

ten Güter des glorreichen deutschen Heeres, seid treu im Gehorsam! Jesus, unser Feldherr, lehre uns gehorchen!«[33].

Ein altes Gottesgebot fordere, »die militärische Übermacht des Feindes nicht zu fürchten« (Dt. 20, 1-4)[34]. Die Furchtlosigkeit entspringe dem Glauben an die göttliche Vorsehung. »Sage mir niemand, es sei eine reine Frage des unglücklichen oder des glücklichen Zufalls, wen eine Kugel trifft und wen sie verschont... Die Kugeln, die uns umzischen, und die Granatsplitter, die uns umschmettern, sind nur Boten seines Willens, mögen sie treffen oder an uns vorübergehen«[35]. Napoleon habe um diese Kräfte des Glaubens gewußt; denn er sei »nicht in den Schulen der Aufklärung, sondern in der Kriegsschule von Brienne erzogen (worden) und die war geleitet von Franziskanermönchen«[36]. Begeisterung, Tapferkeit und Heldenmut auch zum Sterben lerne man nicht im höhnenden Materialismus, sondern im Christentum[37]. Die Katholiken hätten nicht nur allzeit »zu den besten und treuesten Untertanen« gehört[38]; es verankere nicht nur »die letzte Pflichterfüllung in der Treue gegen Gott«[39]; es verleihe den Soldaten auch »die rechte Stimmung«, sogar in den Tod zu gehen[40].

---

[33] Vor der Schlacht, in: Das Schwert des Geistes, 474-476, hier 475. J. Schofer fordert auf: »Gehorchen, blind gehorchen!« und mahnt zum Vertrauen »auf die abgeklärte Welt- und Lebensanschauung« der Vorgesetzten: Die Kreuzesfahne im Völkerkrieg, III 19 f.

[34] M. von Faulhaber, in: Das Schwert des Geistes, 161.

[35] I. Klug, Seid bereit, in: Das Schwert des Geistes, 438-441, hier 440.

[36] J. Sartorius, in: Chrysologus 55 (1915) 289.

[37] Ebd. 290; dort auch: das Christentum sei »die Schule des Idealismus«.

[38] Stöckle, in: Chrysologus 56 (1916) 381.

[39] J. Holzner, in: Das Schwert des Geistes, 189.

[40] H. Acker, in: Chrysologus 55 (1915) 351.

*4. Beispiele zur Verwendung biblischer Texte*

Weil das Evangelium »von unvergleichlicher Anpassungs- und Anwendungsfähigkeit« sei, biete es »Vorräte und Beiträge für alle Fälle und Lagen«[41]. Gerade die Prediger, die sich an der Heiligen Schrift orientieren wollen – so besonders die Bischöfe in dem von M. von Faulhaber herausgegebenen »Schwert des Geistes« –, benutzen die Texte im Stil der damaligen Zeit wie einen »Steinbruch«. So wird das Weinberggleichnis auf den Soldatenberuf gedeutet[42], die Lesung von Septuagesima sei »eine markige Wirklichkeitspredigt und so recht eine Instruktion für Soldaten im Krieg«[43]; das Bild auf dem Zinsgroschen wird zum Bild des Kaisers, »das im Herzen aller deutschen Soldaten lebt, teuer wie das Bild von Vater und Mutter, im verklärenden Schein deutscher Mannestreue«, zum Bild »des friedfertigsten Herrschers des friedfertigsten Volkes«[44]. Und bei einer Predigt über den Guten Hirten werden aus den Schäflein-Soldaten Löwen, die den Kampf mit den Wölfen aufnehmen müssen, oder – je nach Bedarf – Hirten, die für die »Schäflein und Lämmlein daheim, für die Frauen und Kinder, für die Herde des ganzen Volkes« ihr Leben hingeben müssen[45]. Die »Weisen aus dem Morgenlande« dienen als »Vorbilder im Aushalten und Durchhalten«[46]. A. Donders erkennt in Lk 2, 41-52 »ein Evangelium des Gehorsams«, das er wie folgt anwendet: »Das Gesetz über alles! Dem Gesetze getreu! Kameraden! Wo das Gesetz spricht, ruft, gebietet, da sind auch wir zur Stelle«[47]. Die ganze Weltordnung ruhe auf dem Gehorsam. Der Gehorsam Jesu wird auf die Gegenwart gedeutet: »Kameraden! Diese schwere, ernste Zeit erfordert eine

---

[41] *A. Worlitschek*, Krieg und Evangelium, I 24.
[42] *Bischof Kilian*, in: Das Schwert des Geistes, 61 f.
[43] *W. von Keppler*, ebd. 56; derselbe nennt in einer Karfreitagspredigt 2 Kor 4, 10 f. »eine rechte Karfreitagspredigt für die Soldaten im Krieg« (ebd. 88).
[44] *J. Holzner*, ebd. 187.
[45] *W. von Keppler*, ebd. 99.
[46] *J. Sartorius*, in: Hom. Wiss. XI (1916/17) 270.
[47] Das Schwert des Geistes, 36-41, hier 38.

eiserne, militärische Disziplin«[48], und der Prediger verheißt: »Im Gehorchen liegt der Sieg«[49].

Bischof W. von Keppler münzt das Wort »Selig, wer sich an mir nicht ärgert«, auf jene, die durch den Krieg zur zweifelnden Frage nach Gott und seinem Wirken kommen. »Und Schilfrohrnaturen und Weichlinge sind auch die Christen, die jetzt im Krieg sich an Gott und an Christus ärgern, weil nicht alles nach ihrem Willen geht, weichliche Naturen ohne Stahlgehalt und Erzgehalt«[50]. Zur dritten Versuchung Jesu durch den Satan schreibt von Keppler: »Ist nicht sie es, die unsere Feinde in den unseligen Krieg hineingehetzt hat, der Hunger nach noch mehr Geld, nach noch mehr Land, nach noch mehr Welt- und Meeresherrschaft?«[51].

Ein anderer Autor gibt einer Osterpredigt den Titel: »Die erste Kunde vom Ostersieg. Eine Berichterstattung aus dem Lager des Feindes«[52]. »Der Krieg ist ein großer Lehrmeister und bringt

---

[48] Ebd. 39.

[49] Ebd. 40.

[50] Des Täufers Frage und die Antwort des Herrn, ebd. 7-10, hier 10. – Vgl. auch die Erklärung von Mk 10, 44 f. durch *A. Donders*: »Viel glücklicher macht es, dienen zu dürfen als herrschen zu müssen« (ebd. 41). *Bischof Kilian* von Limburg deutet Mt 20, 1-16 auf den Soldatenberuf (ebd. 58-63).

[51] Kampf gegen die Versuchungen des Teufels, ebd. 67-71, hier 69 f.

[52] *F. Küpferle*, in: Chrysologus 55 (1915) 315-321. – Der Versuch, gegenwartsnah und zeitgemäß zu predigen, zeitigt seltsame Früchte. Nur einige Beispiele seien hier genannt. Ein Autor bietet »Skizzen von Militäransprachen«: »Wo war Christus einquartiert« in seinem Krieg um die Welt? Aus der ewigen Heimat brach er auf zur Mobilmachung und zog die Uniform der menschlichen Natur an, nahm das erste Quartier im Schoß Mariens, das zweite sehr feldmäßige in Bethlehem usw., bis mit seinem 30. Lebensjahr das Biwakieren begann und er nach der Schlacht auf Golgatha sein jetziges Quartier im Himmel, im Tabernakel und im Menschenherzen hat – dort ist er »sehr leicht zufrieden (Liebe, Reinheit)«: *M. Batzer*, in: Hom. Wiss. IX (1914/15) 272. *A. Worlitschek* vergleicht die Kirche je nach Bedarf mit einer Telefunkenstation oder einem Lazarett, einem Massenquartier, einem Schlachtfeld oder einer Festung (Krieg und Evangelium, I 41 f.). Das Kirchengebet ist ihm »wie ein Feuerstrom, der aus Maschinengewehren sich ergießt mit der ungemeinen Feuergeschwindigkeit und Dichtigkeit ihrer Streuungsgabe, mit ihrem Höchstmaß an Feuerwirkung. Ein Feuerstrom, der Breschen schlagen muß in der Himmelsburg« (40). Chrysologus spricht in Verbindung mit der Lesung von Septuagesima vom Bereitsein, vom Angreifen, vom Durchhalten

deshalb nach dem Worte des Herrn ›Neues und Altes aus seinem Schatz‹ hervor (Mt 13, 3 2)«[53].

## 5. Der Fall »Kriegsanleihe«

Ein besonderer Fall ist die Mahnung zur Zeichnung von Kriegsanleihen. Die Christen werden aufgefordert, »auch hierin in dieser schweren Zeit den Willen Gottes zu vollbringen«[54]. »Im Christentum ist es keine Frage mehr, sondern ein Gottesbefehl, Gut- und Blutsteuer für Kaiser und Reich zu zahlen«[55]. Es handle sich um eine Gewissenspflicht[56], die vom eigenen Seelenheil gefordert werde, vom vierten Gebot und auch vom Prediger unter Berufung auf Lk 14, 27 ff. (Ruf zum Alles-Verlassen und Parabel vom Turmbau und der Kostenberechnung des Königs)[57]. Da es »wohl keinen besseren Schuldner als den Staat, als das Reich« gebe[58], hätten auch die Bischöfe die Sicherstellung der Gelder als gewährleistet angesehen, so daß sie »selbst das heilige Gut der Kirche, der Armen und der Verstorbenen (Meßstiftungen)« darin anlegten[59]. Allerdings sei die Sicherstellung der Anteile nur gewährleistet, wenn auf dem schon fest und unerschütterlichen Fundament des Sieges weitergebaut werde, denn bei einem verlorenen Krieg würden die Anteile mit dem Wohlstand des Staa-

---

(55 [1915] 97-101), an anderer Stelle von der »Mobilmachung« der Seelen, vom »Maschinengewehr deiner Worte«, vom »Zünder wahrer Gottes- und Nächstenliebe« oder auch vom »Generalstab der göttlichen Vorsehung«, ebd. 284 f. – Bischof von *Keppler* nennt den Glauben einen »Brückenkopf«, der »gegen die schweren Geschütze des Unglaubens, gegen die Handgranaten der Spötter, gegen die Gasangriffe der Zweifler« zu halten sei: Das Schwert des Geistes, 20.
[53] *E. Krebs*, Am Bau der Zukunft, 17.
[54] *J. Götz*, in: Hom. Wiss. XI (1916/17) 79.
[55] *J. Holzner*, in: Das Schwert des Geistes, 186.
[56] *J. Canis*, in: Hom. Wiss. XI (1916/17) 187.
[57] *C. Loenartz*, in: Chrysologus 57 (1917) 439 f.
[58] *J. Canis*, in: Hom. Wiss. XI (1916/17) 189.
[59] *C. Loenartz*, in: Chrysologus 57 (1917) 440. – *A. Hagen* vermerkt: »Daß das Bischöfliche Ordinariat die Zeichnung der Kriegsanleihe förderte, war eine Selbstverständlichkeit«: Geschichte der Diözese Rottenburg, III 228.

tes durch die zu zahlenden Kriegsschulden und -entschädigungen vernichtet[60]. Ohne die Geldmittel zur Fortsetzung des Krieges jedoch würden »die feindlichen Horden aus allen Zonen der Erde« Land und Existenz der Deutschen vernichten, »der wilde Strom der Kosaken und der Negersoldaten, der kirchenfeindlichen Franzosen und der papstfeindlichen Russen«[61] würden das Land ausplündern. Ein Prediger schildert von der Waisenfürsorge bis zur Herstellung von Schrapnells, was zur Abwehr der Feinde getan werden müsse. Er malt Schreckensbilder dessen, was Deutschland nach einem verlorenen Krieg zu erwarten habe. Nach dem Willen der Feinde würde Deutschland »ein einziger großer Kirchhof« sein und dem Rest des deutschen Volkes ein »Frondienst nach Art der schlimmsten Sklaverei und Leibeigenschaft« bevorstehen[62].

Diese Aufrufe und Beschwörungen zur heiligen Kriegsanleihe[63] sind wie ein letztes Aufbäumen auch der Prediger. Die hier zitierten Predigten zählen zu den wenigen, die im letzten Kriegsjahr noch gedruckt wurden.

---

[60] Ebd. 441.
[61] *J. Götz*, in: Hom. Wiss. XI (1916/17) 80.
[62] *K. Th. Hafner*, in: Hom. Wiss. XI (1916/17) 427.
[63] *G. Koch*, Gottes Schlachtfeld, 70.

## 6. Die Verklärung des Soldatentodes

**Das Jenseitsschicksal unserer gefallenen Helden.**

Das »Süß und ehrenvoll ...« des Altertums wird im Predigerpathos mit religiöser Terminologie ausgesagt und ideologisiert[64]. Wie Jesus gehorsam war bis zum Tod, so hätten sich die Helden hingegeben, um Deutschland vor seinen Feinden zu retten[65]. Das heilsgeschichtliche Muß des Leidens Christi nach Lk 24, 26 wird auf das Leiden und Sterben der christlichen Soldaten umgemünzt[66]. Beim schönen Heldentod fürs Vaterland ohne Gottes-

---

[64] *F. X. Eberle*: »An diesem offenen Heldengrabe wollen wir's alle aufs neue schwören: Schwarz das Meer von Eisenpanzern, weiß die Luft von Silberflügeln, rot das Land vom Kriegerblut: sei's zum Siege, sei's dem Tod entgegen, stets mit dir auf allen Wegen, deutsche Fahne: Schwarz-Weiß-Rot! Und darüber glänzt: Vexilla regis – des Kreuzes Banner zieht voran«: Unvergänglichkeit, Unsterblichkeit, herrliche Unsterblichkeit, in: Sankt Michael, 213-214, hier 214.

[65] *A. Leinz*, Am Grabe unserer Helden, 5. (*A. Leinz* war Generalvikar des preußischen Feldpropstes und Oberpfarrer der 2. Armee. Vgl. *W. Kosak*, Das katholische Deutschland, II 2544 f.)

[66] *A. Donders*, in: Das Schwert des Geistes, 74. Gefallene seien »Nachfolger Christi im blutigsten Wortsinn«, so *E. Krebs*, Die Stunde unserer Heimsuchung, 28. – *A. Donders* bietet aus den Predigten *W. von Kepplers* »ein Beispiel einer kürzesten Ansprache«: Im Lazarett auf dem Schlosse Zeil sagte er (1916) zu den Verwun-

liebe »fehlt dieser Hingabe die letzte Weihe, der tiefste Adel, das Stäubchen Ambra, das ihr vor der Ewigkeit Wert verleiht. Diese letzte Vollendung kann ihr nur die Religion Jesu geben«[67]. Weil der Soldat »im Rufe des Königs Gottes Ruf und im Kriegsdienst Gottesdienst erkennt«, sei sein Tod auf dem Schlachtfeld ein Märtyrertod, der alle Sündenschuld sühne und »sogleich in den Himmel« führe[68]. Darum sei der Krieg für diejenigen, die vom Schlachtfeld in den Himmel kommen, »das größte Glück«[69].

N. Peters schreibt: »Dreimal selig zu preisen, wer sein Leben lassen dürfte als Streiter Gottes in diesem heiligen Kriege!«[70]. Die Bereitschaft »zur heiligsten Liturgie vaterländischer Opfergesinnung«[71] habe zum »Opferhochamt des Kampfes« geführt[72]. Beim Auszug der Soldaten hieß es: »Am Altarstein läßt sich so gut und scharf das Schwert schleifen; an der heiligsten Opferstätte legt sich so starke Kraft in die von den Vätern ererbte Wehr«[73]; vom Ende der Gefallenen: »Das Sterben auf der Walstatt ist umflossen von einem strahlenden Schimmer seltener Schönheit und Würde, Weihe und Größe. Denn er ist eingefaßt und umrahmt von einem ganzen Kranz hoher, seelisch-sittlicher Offenbarungen, vor denen die Menschheit immer in stummer Verehrung sich beugt ... umglänzt von der Gloriole der Heiligkeit!«[74].

Bischof Bertram predigte: »O glücklicher Heldentod eines braven katholischen Soldaten! Auf solche braven Soldaten dürfen wir das Wort des heiligen Paulus anwenden: ›Ein Schauspiel

---

deten: »Es gibt ein zweifaches Heldentum: das eine muß Wunden schlagen, das andere muß Wunden tragen. Im ersten habt ihr euch bewährt; aber auch im zweiten sollt ihr euern Mann stehen. Ihr nützt damit dem Vaterland nicht weniger als an der Front«; *A. Donders*, Paul Wilhelm von Keppler, 107.

[67] *J. Holzner*, in: Das Schwert des Geistes, 189.

[68] *B. Duhr*, In der großen Schicksalsstunde, 29.

[69] *A. Huber*, Die göttliche Vorsehung, 110.

[70] *N. Peters*, Heldentod, 45; vgl. *J. Jatsch*, in: Chrysologus 56 (1916) 14.

[71] *G. Stipberger*, Vater, ich rufe dich, 9.

[72] Ebd. 29; 21: das Schlachtfeld sei »heiliger Boden« und »Gott tritt dort seine Kelter«.

[73] Ebd. 12.

[74] *A. Worlitschek*, Krieg und Evangelium, I 59; 61.

sind wir geworden der Welt, den Engeln und den Menschen‹«[75]. Bischof von Faulhaber weiß von zwei befreundeten Tirolern zu berichten, die abends im Unterstand gemeinsam den Rosenkranz gebetet hatten. »Nachts um 11 Uhr durch eine Ekrasitgranate mitsammen tödlich verletzt, umarmten sie sich: ›Wir sterben mitsammen, gelt, wir sterben mitsammen. Für unsern Kaiservater in Wien sterben wir gern‹. Rosenkranz und Herz-Jesu-Bund hatten ihnen die Sterbensnot nicht ferngehalten, aber leichter gemacht«[76].

Wenn man den Krieg zum heiligen Kampf erklärt, und wenn man Vaterland und Kaiser mit einer Gloriole umgibt, vermag man auch zu sagen: »Kriegertod ist kein Tod! Er ist umstrahlt vom Taborglanz der Unsterblichkeit und des ewigen Lebens«[77].

---

[75] Kirche und Volksleben, 431.

[76] Das Schwert des Geistes, 212.

[77] *A. Worlitschek*, Krieg und Evangelium, I 63. Vgl. *A. Donders*, Die Verklärung des Lebens, in: Das Schwert des Geistes, 71-75. – *Gaudentius Koch* verfaßte diese »Totenverse«: »Voll Kampfeslust und buntgeschmückt ward hoch der Hut geschwungen:
Lang hat die Mutter nachgeblickt
und stumm die Händ' gerungen.
Von jedem kam der Schlachtbericht,
kurz und in Eil geschrieben;
vom Prathoner Josef nicht,
er war im Feld geblieben;
Da sinkt ein Haupt zur Kirchenbank.
Man hört das Requiem schallen:
›Kind, wie Gott will! Herr habe Dank,
Er ist als Held gefallen‹«.
(Aus: Schwer ist die Zeit, 180.)

# IV. Der Frieden

Es wäre falsch, aus den vorliegenden Texten die Schlußfolgerung zu ziehen, der Krieg sei als Krieg begrüßt worden. An vielen Stellen wird von seiner Furchtbarkeit gesprochen, wird er als Not empfunden und – wie oben dargelegt – als Strafe und Ruf zur Buße gedeutet. Und in zahlreichen Predigten erscheint auch die Hoffnung auf einen baldigen, siegreichen und ehrenvollen Frieden. E. Krebs sagt, daß jeder Krieg um des Friedens willen geführt werde[1]. Aber – und das scheint charakteristisch zu sein – dieser Friede ist nirgends das Werk des Menschen, ebensowenig wie der Krieg als zu verantwortende Tat der Menschen gesehen wird, es sei denn als die der Gegner Deutschlands, die »das Friedensangebot unseres Kaisers« verhöhnten[2]. Bischof Faulhaber predigt: »Weltfriede wäre die Weltlage nach dem Herzen des Christentums, aber nicht als Friedhofsfriede um jeden Preis«[3].

---

[1] *E. Krebs*, Am Bau der Zukunft, 5.
[2] *M. von Faulhaber*, in: Das Schwert des Geistes, 31.
[3] Waffen des Lichtes, 61.

Wie der Friede zu erreichen sei, daß der Friede geplant und gemacht werden muß, liegt außerhalb der Denkmöglichkeit der Prediger.

Nach A. Donders sind die Kriegsstürme über den Menschen gekommen, aber Gott führe »aus dem Krieg wieder in den Frieden«. In allen Lebenslagen solle der Christ sein Vertrauen bewahren und sich sagen: »Mein Vater sitzt doch am Steuer!«[4]. In einem Hirtenbrief zur Osterzeit 1916 werden Not und Trübsal als Wege zur Tugendhaftigkeit bezeichnet: »Das ist unsere Aufgabe, durch die Trübsal tugendhaft zu werden, Gottes Sache aber, der Trübsal ein Ende zu machen!«[5].

Der Friede werde gegeben, wenn »der Herr sein Pax Vobis« spreche[6], und das werde erst dann geschehen, wenn die Völker sich bekehrten, wenn sie »götzenmüde und sündenmüde« geworden seien. Das sei die Voraussetzung dafür, daß »der Herr kriegsmüde« werde[7].

Zwar habe die Kirche den besonderen Auftrag, für den Frieden zu arbeiten, denn »in ihrem Schatten sollen die Völker in Eintracht nebeneinander wohnen«[8]. Darum setze sich der Papst so sehr für den Frieden ein und suche zwischen den streitenden Parteien zu vermitteln. Denn er stehe über den Parteien und zeige damit auch die Überlegenheit der katholischen Kirche über die Nationalkirchen[9]. Die weitaus meisten Äußerungen der Pre-

---

[4] *A. Donders*, Christus unser Retter in aller Not, in: Das Schwert des Geistes, 113-218, hier 217 f.

[5] *H. Joeppen*, in: Das Schwert des Geistes, 494.

[6] *M. von Faulhaber*, in: Das Schwert des Geistes, 154.

[7] Ebd. 255. – »Deutschland und jeder einzelne Deutsche muß erst Frieden mit Gott schließen, ehe mit den Feinden ein ehrenvoller und siegreicher Friede geschlossen werden kann«: *W. Bock*, in: *H. Acker*, Der große Verbündete, I 53.

[8] *B. Heidelberger*, in: Chrysologus 56 (1916) 169.

[9] Ebd. 170 f. – »Jesus als Friedensfürst erklärt Krieg dem falschen, faulen Frieden«; zum Beispiel der Verweichlichung durch die Volksverführer, die »in falsch verstandener Fürsorge ein Erdenparadies predigen« (*F. Keller*, Der Krieg des Friedensfürsten, in: *J Schofer*, Die Kreuzesfahne im Völkerkrieg, IV 27). »Der Friedensfürst schafft wahren Frieden durch den Krieg« (29), nämlich die innere Eintracht des deutschen Volkes wider alles Erwarten der Feinde. Doch diese Eintracht werde erst garantiert, wenn das Volk sich um Jesus schare (ebd.). –

diger zielen, wenn sie vom Frieden sprechen, auf den Frieden des Menschen mit Gott. Von den 150 Predigten im »Schwert des Geistes« läßt nur ein Entwurf bereits im Titel einen Hinweis auf den Frieden erkennen, und dort ist eben der Friede mit Gott gemeint, der nur auf dem Weg der Buße zu erreichen sei[10]. Diesen Frieden jedoch könne man »mitten im Krieg ... in sein Herz aufnehmen«[11] und dieser Friede stärke wiederum zum mutigen Kampf. Eine Folge von vier Friedenspredigten im »Chrysologus«[12] greift die Friedenshoffnung der Menschen auf und legt sie gänzlich auf die Versöhnung mit Gott hin aus.

In einer Grabpredigt ist zu lesen: »Wir alle kämpfen um einen ehrenvollen Frieden für unser liebes deutsches Vaterland. Die hier ruhen, haben auch dafür gekämpft; aber sie haben sich einen schöneren Frieden errungen: den ewigen Frieden für ihre Seelen. Und schließlich ist der das Letzte und Höchste, um was auch wir kämpfen, um was Menschen überhaupt kämpfen können«[13].

Den massiven, anschaulichen und verbreiteten Äußerungen über den Krieg stehen nur wenige Hinweise auf den Frieden unter den Völkern gegenüber, und diese sind insofern eher indirekter Art, als sie den Vorbedingungen des Friedens gelten. Die »Vorbedingungen des Sieges und die Vorwerke des Friedens« würden durch die Tätigkeit der Kirche und das Leben der Christen geschaffen[14]. Durch Selbstverleugnung und Opferbereit-

---

*Friedrich Heer* vermerkt, daß das einzige dem Friedenspapst *Benedikt XV.* errichtete Denkmal von den mohammedanischen Türken gestiftet wurde. Vgl. *F. Heer*, Europa, Mutter der Revolutionen, Stuttgart 1964, 548.

[10] *E. Hemmes*, Totengräber des Friedens, in: Das Schwert des Geistes, 267-272.

[11] *W. von Keppler*, ebd. 333. Wer betet, der habe den Frieden schon. Der Reichsfriede sei nur als Folge des Friedens mit Gott möglich. – »Der wahre Reichsfriede ist die innere Zufriedenheit«; *G. Koch*, Neue Fünfminutenpredigten, 11; 73 f.

[12] *C. Loenartz*, in: Chrysologus 56 (1916) 19-33. – Im Sachregister der Jahrgänge 1915 und 1917 des Chrysologus kommt das Stichwort »Friede« nicht vor. Der Jahrgang 1916 enthält sechs Predigten über den Frieden des Menschen mit Gott.

[13] *I. Klug*, Fortleben nach dem Tode, in: Das Schwert des Geistes, 418-431, hier 431.

[14] *M. von Faulhaber*, in: Das Schwert des Geistes, 237; vgl. *W. von Keppler*: »Das Heldentum des Krieges soll abgelöst werden durch ein Heldentum des Friedens; der Kampf um das deutsche Reich soll zu einem Kampf um das Reich Gottes

schaft, Kameradschaft und Bruderliebe werde die »Erneuerung der Welt« vorbereitet, »die sich jetzt vollzieht zum Sieg des Heiligen Geistes über die Menschheit!«[15]. Der zugkräftigen Interpretation des Krieges stehen moralische Appelle zur Selbsterneuerung als Voraussetzung für den Frieden gegenüber.

Opferkraft.

werden«. Zitiert bei *A. Knöpfler*, in: Deutsche Kultur, Katholizismus und Weltkrieg, 286. – *A. Donders* schreibt, daß Bischof *von Keppler* »mit aller Kraft für die Förderung des Friedensgedankens« eingetreten sei. Doch als Beleg führt er nur den Fastenhirtenbrief *von Kepplers* von 1918 an, »in dem er über ›die religiöse und sittliche Mobilmachung‹ der Seelen für den Frieden sprach«. *A. Donders*, Paul Wilhelm von Keppler, 170. – Auf der ersten Diözesansynode des Bistums Rottenburg 1919 äußerste sich *W. von Keppler* über das Verhalten einiger Kleriker, die – so der Bischof – »das Kultusministerium gegen den Zölibat und den Gehorsam gegen den Bischof« zu Hilfe gerufen hätten: »Das ist eine Judastat schlimmer als der Gewaltfriede«: *A. Hagen*, Der Reformkatholizismus in der Diözese Rottenburg, 200.

[15] *H. Joeppen*, in: Das Schwert des Geistes, 121. – Die Vorkriegssituation sei ein »fauler Friede« gewesen: *K. Benz*, Der eiserne Erzieher, 37.

# Ergebnis der Untersuchung und Folgerung

Der Ausbruch der beiden Weltkriege in diesem Jahrhundert, »ihre lange Dauer und die grausame Kriegführung zeigten, daß das Christentum und überhaupt jede Religion, selbst jede höhere Ethik im politischen Leben der Völker so gut wie völlig einflußlos geworden waren«[1]. F. Heer schreibt: »Das europäische Christentum hatte zu den großen Kriegen unseres Zeitalters buchstäblich nichts aus eigenem zu sagen. Friedensappelle von Päpsten mußten verhallen, die Friedensarbeit von tapferen Frauen, wie der Österreicherin Bertha von Suttner, wurde in gutkatholischen Kreisen als Hysterien der Friedensfurie verlacht«[2].

Mit dem größten Teil des deutschen Volkes wurden auch die Katholiken 1914 von einer Woge vaterländischer Begeisterung erfaßt. Die als Folge des Kulturkampfes aufgekommene »Ghettostimmung«[3], die sich um die Jahrhundertwende zu lösen begonnen hatte[4], wich einem Gefühl der Verbundenheit mit Kaiser und Reich, das man durch die gemeinsamen Feinde bedroht sah. Es ist sogar wahrscheinlich, daß die Katholiken im Kriege eine Möglichkeit gesehen haben, den alten Vorwurf ultramontanen Denkens zu widerlegen. Die zahlreichen Hinweise in den Predigten auf die Treue und Zuverlässigkeit der Katholiken gegenüber Kaiser und Reich, auf das dem Vaterland dienende Wirken der Priester und auf die Auswirkungen kirchlicher Arbeit auf das sittliche Bewußtsein des Volkes lassen diese Deutung zu[5].

---

[1] *G. Schwaiger*, Geschichte der Päpste im 20. Iahrhundert, 78.
[2] *F. Heer*, Koexistenz, Zusammenarbeit, Widerstand. Grundfragen europäischer und christlicher Einigung, Zürich 1956, 121.
[3] *N. Miko*, Kulturkampf, in: LThK² VI 675.
[4] Vgl. *L. Just*, Deutschland (I.), in: LThK² III 294.
[5] *H. Lutz* spricht von der »geistige(n) Orientierungslosigkeit der katholischen Massen und Führungsschichten, die überall in den Kriegsapparat eingetreten waren, um ihre Ehre und ihren Platz als vollbürtige Bürger ihrer Staaten zu er-

Ein überkommenes Inferioritätsgefühl der Katholiken innerhalb des protestantisch regierten (nördlichen) Deutschland könnte hier kompensiert worden sein. Auch das im Vergleich zu der Zeitschrift »Der Prediger und Katechet« verhältnismäßig starke Engagement der von Jesuiten herausgegebenen Zeitschrift »Chrysologus«, die in dieser Untersuchung sehr oft zitiert wurde, findet in der besonderen Lage dieses so oft angefeindeten und bedrängten Ordens eine Erklärung[6]. Die Katholiken wollten gute Deutsche sein. Hier sahen sie eine Möglichkeit, den Beweis anzutreten.

In den letzten Jahrzehnten vor 1914 war das deutsche Selbstbewußtsein stark gewachsen, nicht zuletzt aufgrund der 1871 erlangten Reichseinheit und der wissenschaftlichen und technischen Leistungen. Es wurde durch die oft ungerechtfertigten Anschuldigungen der Gegner Deutschlands empfindlich verletzt, die Empörung zumal der deutschen Katholiken durch die Vor-

---

kämpfen und zu erhalten«: Über die Verantwortung der Gläubigen im Zeitalter der Gewalt, in: Deutscher Katholizismus nach 1945, hrsg. von H. Maier, München 1964, 163-189, hier 171.

[6] Zur weitverbreiteten jesuitenfeindlichen Stimmung vgl. *F. Schnabel*, Deutsche Geschichte im neunzehnten Jahrhundert, Bd. 4: Die religiösen Kräfte, Freiburg ²1951, 265-267.

würfe und Anklagen französischer katholischer Kreise gesteigert. Bei dem verbreiteten Glauben an die eigene gerechte Sache vermochte man sich den Gegner kaum anders als böswillig vorzustellen. Eine moralistische Denkweise förderte beim Blick auf den anderen Lebensstil des westlichen Nachbarn das Gefühl der eigenen »sittlichen« Überlegenheit, so daß aus der vermeintlich gerechten eigenen Sache leicht die Sache der Gerechtigkeit selber werden konnte und der Schritt zur Identifizierung mit der Sache Gottes, dem alles Unrecht ein Greuel ist, nicht mehr weit war.

Diese Umstände haben das Verhalten mancher Prediger sicher mit beeinflußt. Doch selbst wenn man diese Faktoren berücksichtigt, reichen sie zur Erklärung der vorliegenden Äußerungen nicht aus, wenn man nicht das Verhalten der Prediger auf ein bewußtes Taktieren oder auf ein bloßes Reagieren reduzieren will.

Schauen wir noch einmal auf das vorgelegte Material. Eine pastorale Absicht, wie immer sie sich auch äußert, welche Gestalt sie auch immer annimmt, ist unverkennbar: Die Prediger versuchen, ihre Gegenwart religiös zu deuten. Mehr noch: Sie wollen dem Krieg einen Sinn geben, wohl nicht zuletzt aus dem Glauben, daß so viele Opfer nicht sinnlos sein können. Sie finden in der Kriegssituation mehr oder weniger willkommenen Anlaß und Material zur Bußpredigt. Die religiöse Besinnung des Volkes, die man überall festzustellen glaubt – das Erwachen zu neuer Tiefe, die Bereitschaft zum Opfer und zur Hingabe –, verleitet dazu, im Krieg den Führer zu Gott zu sehen und ihn als solchen zu begrüßen und zu verklären. Man glaubt, der Krieg liege im Plane Gottes begründet, sei es, daß Gott den Krieg als Mittel zum Herbeiführen der Sinnesänderung benutzt, sei es als Gericht über die »gottlos« gewordene Welt. Deutschland und Österreich als den im Grunde einzigen Vertretern der alten christlichen Kultur wird dabei die Rolle eines Werkzeugs in Gottes Hand zugeschrieben, der erwartete deutsche Sieg erscheint als Sieg des Guten, der Gerechtigkeit, des Christentums, Gottes selbst. Daß auch französische Katholiken und deutsche Protestanten den Krieg als »Kreuzzug je für ihre Nation und Zivilisation« angesehen haben[7], zeigt nur, daß das hier auftauchende Problem nicht auf den deutschen Katholizismus von 1914 beschränkt ist.

Unsere Himmelfahrts-Parole.

Neben der Hoffnung, daß der Krieg zu einer Erneuerung der Welt nach dem Willen Gottes führen werde, steht die Meinung, daß Deutschland bei diesem Prozeß eine providentielle Rolle zu spielen habe. Diese Hoffnung verbindet sich mit der Erwartung, daß das Christentum und die katholische Kirche zu einer neuen Blüte gelangen werden, daß zumal das Papsttum als eine übernationale Einrichtung eine neue Autorität gewinnen werde.

Was aber kann ein religiöser Mensch anders tun, als sich bewußt dem Plane Gottes zu fügen? Gibt es Größeres, als an der Realisierung der Absichten Gottes mitzuwirken? Dieses Ziel zu erreichen, erscheint kein Preis zu hoch, um dieses Zieles willen wird der Tod auf dem Schlachtfeld zum heiligen Opfer, werden die Gefallenen zu Märtyrern.

---

[7] *F. Heer*, Europa, Mutter der Revolutionen, 548.

Es ist auffällig, daß nirgends in den Predigten die Frage nach den konkreten Ursachen des Krieges auch nur anklingt. Man erschöpft sich in Hinweisen auf die Rachsucht und Gewinngier der Feinde oder auf den moralischen Niedergang, der nun seine Strafe finde. Die Verantwortung des Menschen für den Gang der Geschichte, für das Schicksal der Völker und der Welt, für den Krieg und für den Frieden wird gar nicht oder nur ungenügend wahrgenommen. Der Krieg erscheint entweder wie eine Naturgewalt, die über den Menschen hereingebrochen ist und die er in Tapferkeit zu bestehen hat und zu deren Bewältigung die »Religion« die besten Mittel bietet, oder er wird als Verfügung eines Höheren dargestellt, die der Mensch im stummen Vertrauen auf einen unfaßlichen Sinn annehmen muß. Ähnlich wird der Friede nicht als Ergebnis menschlicher Planung und Bemühung dargestellt, sondern als eine Folge sittlich-religiöser Wandlungen des Menschen. Das heißt: Die Möglichkeit und Pflicht des Menschen, handelnd und verändernd Einfluß auf die Gesellschaft und die Geschichte zu nehmen, liegt außerhalb des Gesichtskreises der Prediger. Statt dessen wird das Kriegsgeschehen als ein »Muß« – naturhafter oder göttlicher Art – gepredigt und der Mensch vermeintlichen Gesetzlichkeiten geopfert.

Und hier treffen sich die in dieser Untersuchung vorgelegten zahlreichen Äußerungen zum Krieg mit jenen Predigten, die nicht in diese Arbeit einbezogen wurden, weil sie weitgehend auf eine Stellungnahme zum Krieg verzichten und sich überwiegend auf die Tröstung der Gläubigen und auf die Mahnung zum Vertrauen in Gottes Vorsehung beschränken[8]. Eine Sinngebung des Krieges, gleich welcher Art, kann den jeweiligen Staatsführungen nur genehm sein, solange nur der Einsatzwille und die Opferbereitschaft gefördert, solange nur Gleichgültigkeit und Mutlosigkeit gebannt werden. Dieser Effekt tritt auch bei einem Verzicht auf eine konkrete Stellungnahme zum Kriege ein, wenn mit dem Appell an das Vertrauen der Gläubigen in Gottes Vor-

---

[8] Dazu zählen zum Beispiel eine Anzahl Predigten in *K. Hagenmeier*, Krieg und Kanzel, und *J. Schofer*, Die Kreuzesfahne im Völkerkrieg.

sehung der Wille zum verantwortlichen politischen Denken und Handeln unterbunden wird.

In den Predigten und in den Hirtenbriefen erscheint die bestehende Gesellschaftsordnung als gottgewollt. Das König- bzw. Kaisertum ist eine Einrichtung von »Gottes Gnaden« und wird als solche verklärt. Die Treue den Fürsten gegenüber zählt zu den größten Tugenden eines katholischen Christen, während dem Unbotmäßigen die Strafe ewiger Verdammnis angedroht wird. Dazu kommt eine nationalistische Blickverengung, die sich in der Überschätzung des »deutschen Wesens« und in der Abwertung des »Welschen« äußert und die gegen die fremdländische Entartung die überkommene deutsche Sitte setzt. Wer so denkt, wird eine Liberalisierung und Demokratisierung als einen Angriff auf Gottes Ordnung abwehren und ihnen feindlich begegnen oder sie notfalls um der Sicherung des kirchlichen Primärinteresses willen dulden.

Der Ausfall der Frage nach der Verantwortung des Menschen und nach den innerweltlichen Kausalzusammenhängen auch und gerade in der Kriegsfrage hat möglicherweise seine Ursache und Wurzel in einer verengten und einseitigen Auffassung von der Mitwirkung Gottes[9] (»concursus«), eine Auffassung, die zwischen transzendentaler und kategorialer Ursache nicht unterscheidet und durch Nichtbeachtung der »Zweitursachen« zu einem Arbeiten mit angeblichen Plänen Gottes verführt. Wer aber immer und überall sofort nach den Spuren göttlichen Wirkens fragt und göttliche Pläne entdecken will, wer alle innerweltlichen Faktoren überspringt und unvermittelt auf Gott rekurriert, macht Mensch und Welt letztlich zur Marionette in der Hand eines Höheren[10]. Er schafft damit einen »Überbau«, der ein Politi-

---

[9] Vgl. *K. Rahner*, Mitwirkung Gottes, in: LThK² VII 502 f.; *K. Rahner – H. Vorgrimler*, Mitwirkung Gottes, in: Kleines theologisches Wörterbuch (= Herder-Taschenbuch 108/109), Freiburg ⁵1965, 242.

[10] *A. Huber*, Die göttliche Vorsehung: Der Krieg sei »von Ewigkeit her von Gott vorausgesehen und im Rate der göttlichen Vorsehung beschlossen« (100). »Gott der Herr leitet den Krieg von Anfang bis zu Ende«. »Die Menschen sind wie Werkzeuge in der Hand Gottes und führen das aus, was der Herr beschlossen hat« (101). – *G. Koch*, Gottes Schlachtfeld: »Wenn wir dem Staat gehorchen, ge-

kum ersten Ranges darstellt. Haben doch der Einsatzwille und die Begeisterung, das Durchhaltevermögen und der frühe Tod vieler Menschen in dem so geschaffenen »Glauben« eine ihrer Wurzeln[11].

Mit einer solchen Denkungsart aber beraubt man sich nicht nur der Voraussetzungen dafür, bestimmend auf das Leben von Menschen und Völkern Einfluß nehmen und die Welt nach menschlichen Vorstellungen gestalten zu können, man gibt gleichzeitig die Welt jenen preis, die sehr wohl mit innerweltlichen Gegebenheiten umzugehen wissen und ihre Chancen auf Kosten anderer Menschen und ganzer Völker wahrnehmen. Die Leidtragenden werden auch darin wieder eine »unbegreifliche Fügung der Vorsehung« erblicken – oder aber das Geschehen als eine solche erklärt bekommen.

Die Einmütigkeit in der Beurteilung des Krieges seitens der Prediger und zahlreicher angesehener Persönlichkeiten machte eine davon abweichende Stellungnahme der Gläubigen zwar nicht unmöglich, sie wäre jedoch von vornherein disqualifiziert gewesen. Denn ein andersgeartetes Urteil hätte sich gegen eine mit der Autorität des Amtes vorgetragene Auffassung gewandt und hätte mit dem eigenen Urteil auch die hinter den Predigern stehende Autorität in Frage gestellt. Wie hätten die hier zitierten Prediger vom Bischof bis zum Kaplan wohl reagiert, wenn ein Gemeindemitglied oder gar eine Gruppe von Katholiken den Krieg als ungerecht bezeichnet, wenn sie sich gegen die kirchli-

---

horchen wir Gott, denn Gott hat den Krieg befohlen« (123). *K. Faustmann*, in: Sankt Michael: »Wer also in einem Kriege pflichtgemäß die Waffen trägt, ist eingefügt in die Pläne des ewigen Weltregierers, ... ist ein Werkzeug der Vorsehung« (108). – *J. Bernhart* sagt im Anschluß an Ps 32, 9: Gott »läßt die Völker wachsen wie die Blumen, segnet sie heute mit Sonne und schlägt sie morgen mit Wetter – und ist ihre Zeit erfüllt, so schickt er seine Schnitter hin: Laster, Hunger, Seuche, Krieg und Tod«, in: Wir treten zum Beten.

[11] Daß auch die evangelischen Prediger einem ähnlichen Mißverständnis zum Opfer gefallen sind, zeigt die Untersuchung von *W.-D. Marsch*, Politische Predigt zum Kriegsbeginn 1914/15, in: Evangelische Theologie 24 (1964) 513 bis 538, besonders Kapitel II: Heiliger Krieg 520-525. Ob und wie ein so entstandener und geschaffener »Glaube« in bestimmten persönlichen oder gruppenmäßigen Interessen seine Wurzeln hatte, wäre einer eigenen Untersuchung wert.

che Aufforderung zur Zeichnung von Kriegsanleihen gewandt, ja wenn sie den geforderten Gehorsam gegen den Kaiser aufgekündigt und den Ungehorsam gegen die Reichsregierung und gegen den Kaiser als das Gebot der Stunde bezeichnet hätten? Was wäre die Folge gewesen, wenn Christen sich mit dem Gebet um den Frieden nicht begnügt, sondern in der Änderung der Machtverhältnisse die Voraussetzung zu einem Frieden gesehen und sich um die Schaffung dieser Voraussetzungen in einer Weise bemüht hätten, die im Gegensatz zur traditionellen (und in den Kirchen als gottgewollt sanktionierten) Ordnungsvorstellung stand? Wie hätten kirchliche Autoritäten sich wohl verhalten, wenn man ihnen Nationalismus oder gar Amtsmißbrauch vorgeworfen hätte?

Als Ergebnis der Untersuchung dürfen wir festhalten: Die Predigten zur Zeit des Ersten Weltkrieges sind teils durch eine unmittelbare Verbindung von Glaube und Krieg politisch geworden (was wir heute als Ideologisierung bezeichnen), teils durch Rückzug in die Sphäre privater Frömmigkeit und dem damit verbundenen Verzicht auf politisches Handeln.

Zum Schluß müssen wir jedoch auch fragen, welche Folgerungen sich aus dieser Untersuchung ergeben. Sie können nur in groben Zügen umrissen werden, da sonst das gesamte Problem der politischen Predigt und das diesem Problem zugrundeliegende Verhältnis von Kirche und Gesellschaft abgehandelt werden müßte.

Der Hinweis, daß keine Verkündigung losgelöst von ihrer Zeit geschehe und daß doch jeder, auch der Prediger, ein »Kind seiner Zeit« und demzufolge immer auch aus seiner Zeit zu verstehen sei, hat zweifelsohne Berechtigung und Gewicht. Doch wer einen solchen Einwand mit der apologetischen Absicht vorbringt, bestimmte Verhaltensweisen entschuldigen zu wollen, verkennt wohl die Bedeutsamkeit und Tragweite dieses Einwandes. Denn Prediger – und hier denken wir auch an die heutige Verkündigung – sind nicht nur für das spätere Urteil historischer Forschung »Kinder ihrer Zeit«, sie sind es auch für die mit dem Prediger gleichzeitig Lebenden. Damit aber unterliegen sie nicht nur der späteren Kritik, sondern auch der Kritik der Gegenwart und haben sich ihr zu stellen.

Wer eine Predigt hält und in der Predigt ein Zeitgeschehen zu deuten sich unterfängt, tut das nicht nur in seiner Eigenschaft als Staatsbürger. Die Prediger im Ersten Weltkrieg haben nicht nur als Bürger ein Urteil gefällt, das abzugeben ihr gutes Recht gewesen wäre und dessen Stichhaltigkeit in offener Diskussion hätte geprüft werden müssen. Es wurde vielmehr gepredigt, und mit einer Predigt verbindet sich der Anspruch der Verkündigung. Man verstehe recht: Die Kritik gilt nicht der Tatsache, daß man sich auf Gegenwartsfragen eingelassen hat, sondern wie man es tat. Das vorliegende Material macht deutlich, wie sehr zeitbedingte, mehr oder weniger berechtigte Anschauungen, Urteile und Interessen mit einer Gloriole umgeben und auch mit der »Wahrheit« identifiziert wurden. Viele sind der Gefahr erlegen, Aussagen und Forderungen des Evangeliums und Lehren der Kirche in gutgemeinter, doch ungerechtfertigter Weise mit anderen – und gegebenenfalls auch legitimen – Ansprüchen zu verquicken. Man kann sich des Eindrucks nicht erwehren, daß manche Prediger ganz den Erwartungen der damaligen Gesellschaft entsprochen und die »Religion« in den Dienst des Vaterlandes und seines Krieges gestellt haben.

W.-D. Marsch schreibt in seiner Untersuchung über die »Politische Predigt zum Kriegsbeginn 1914/15«: »Seit den Jahrhunderten westeuropäischer Aufklärung steht jede politische Option in der Predigt unter Ideologieverdacht, das heißt im Verdacht, durch irgendwelche nicht-theologische Motivationen bedingt zu sein: in welchem Interesse spricht der Prediger, auch wenn er selbst meint, nur die Schrift auszulegen?«[12].

Das zeigt, wie sehr um des Anspruchs der Verkündigung und um der Glaubwürdigkeit der Predigt willen ein Höchstmaß

---

[12] Ebd. 534. Zum Problem des Irrtums und des Fehlurteils auch bei gutem Willen vgl. *B. Schneider*, Bemerkungen zur Kritik an der Kirche, in: Gott in Welt II 246-266. Schneider schreibt: »Es gibt das wirklich: daß aus guten Absichten eine für die ganze Kirche tragische und verhängnisvolle Situation entstehen kann, unter der man vielleicht jahrhundertelang zu leiden hat« (255).

an kritischer Haltung seitens der Verkünder gefordert werden muß und wie wenig aufs Ganze gesehen diese Distanz und Wachsamkeit zuzeiten geleistet wurde.

Um dem Prediger gegebenenfalls zu solch (selbst-)kritischer Einstellung zu verhelfen, bedarf es wohl auch der Kritik an der Predigt. Stets muß ihr Wirklichkeitsgehalt und ihr Wirklichkeitsverhältnis geprüft werden, damit alle, Prediger wie Gemeinde, zu jener Wachheit und Klarsichtigkeit gelangen, die notwendig sind, um den christlichen Auftrag in der Welt erfüllen zu können.

Es ist heute nicht schwer, den damaligen Predigern Realitätsblindheit und Befangensein in eigenen Vorstellungen nachzusagen. Das dürfte ihnen jedoch nicht einfachhin als Schuld angelastet werden. Waren sie doch Gefangene einer religiös-nationalen Anschauung, die fast unüberwindlich zu sein schien und die auch durch den im christlichen Glauben begründeten Universalismus nicht aufgesprengt wurde.

Weil die hier analysierten Predigten, die von Bischöfen, Pfarrern und Kaplänen gehalten wurden, sich nicht wesentlich voneinander unterscheiden, muß wohl auch vermerkt werden, daß die hier getroffenen Feststellungen ebenso wie die Forderungen für alle Amtsträger gelten. Die gute Absicht allein, die man damaligen wie heutigen Predigern nicht von vornherein absprechen darf, bietet noch keine Gewähr für die Vertretbarkeit der vorgelegten Meinungen, mögen sie noch so sehr unter Berufung auf Gott, die Heilige Schrift oder die Tradition dargeboten werden.

Vielleicht geben die Predigten von 1914-1918 auch einen Hinweis auf eine der Ursachen dafür, warum die Kirche in den letzten Jahrzehnten an Autorität eingebüßt und wie sie vielen Menschen den Weg zur Lösung von der Kirche bereitet hat, und das trotz – wenn nicht wegen – des besten Willens der Prediger, ihrer Kirche zu dienen. Wer in dieser Arbeit einen Versuch sehen wollte, Männer der Vergangenheit schuldig zu sprechen, hätte diese Untersuchung nicht nur mißverstanden, sondern auch das in Frage stehende Problem verkannt. Denn das Problem besteht ja gerade darin, daß die Künder der Glaubensbotschaft bei aller Treue zur kirchlichen Lehre und bei aller persönlichen Integrität jene kritische Differenz zwischen Glauben und Zeitgeschehen nicht zu erkennen vermochten, die wahrzunehmen wir heute fähig sind oder doch fähig sein sollten, und das nicht zuletzt als Folge des hier behandelten Abschnittes unserer Geschichte. Die geschichtlichen Vorbedingungen waren damals wohl noch nicht gegeben, um so kritisch und wachsam sein zu können, wie wir es nach zwei Weltkriegen zu sein vermögen. Gerade auch an dem vorgelegten Predigtmaterial ist einzusehen, daß der Prozeß der Wahrheitsfindung in die Zeit eingebunden ist und nach anderen Gesetzen verläuft als naturwissenschaftliche Erkenntnis oder als ein syllogistisches Schlußverfahren. Wenn man aber um die geschichtliche Bedingtheit des menschlichen Daseins und also auch der menschlichen Erkenntnis weiß, wird die Forderung an die Prediger der Gegenwart um so ernster, den jeweiligen Gegebenheiten kritisch gegenüberzustehen und die oft unbewußten Vorurteile aufzuhellen, um früheren Kurzschlüssigkeiten nicht zu erliegen. Diese kritische Differenz zum Weltgeschehen setzt erst das angemessene Engagement in diesem Weltgeschehen frei.

Die Predigt der Kirche hat ja wohl zunächst die Botschaft von dem in Jesus gekommenen Gott zu sagen, der sich mit den Menschen, insbesondere den »Armen«, solidarisch erklärt. Sie hat immer wieder neu in die Nachfolge dessen zu rufen, der sein Leben als Da-sein für andere verstand, der bis zum Tode auf der Seite der Armen und Verachteten stand und dessen Nähe sich in gelebter Liebe und im Frieden realisiert.

Wie aber Gerechtigkeit und Frieden in der Welt herzustellen sind, das kann kraft des Amtes nicht entschieden werden. Diese Möglichkeiten zu finden und zu verwirklichen ist Aufgabe aller Christen und durchweg erst das Ergebnis eines Dialoges. Der Friede fällt ebensowenig vom Himmel wie die soziale Gerechtigkeit, die Nahrung für eine sich mehr und mehr bevölkernde Welt wird ebensowenig unmittelbar von Gott geschenkt wie die Freiheit des einzelnen und der Völker. Darum genügt das Gebet um den Frieden genausowenig wie das um die Stillung des Hungers.

Aus dem Glauben und in der Nachfolge Jesu müßte der Christ intensiver als andere Menschen seine Verpflichtung erkennen, handelnd den Frieden und die Gerechtigkeit, Freiheit und Solidarität zu verwirklichen. Er sollte zugleich schärfer die Gefährdung des Menschen sehen und ihr warnend begegnen. Die Predigt hat den Christen mit der Botschaft vom verheißenen »Reich Gottes« den Blick für eine größere Zukunft freizumachen. Damit wird gleichzeitig jede bestehende Ordnung als vorläufig, als nicht dauernd, als nicht endgültig in Frage gestellt. Jede Art von Identifizierung mit einem Zustand oder System aber gibt den »eschatologischen Vorbehalt« preis, stabilisiert das Bestehende, statt es aus falscher menschlicher Sicherung herauszuführen, beraubt sich der spezifisch christlichen Möglichkeit, kraft der Hoffnung auf das Reich Gottes – die Zukunft der Welt – eine gesellschafts-kritische Funktion wahrzunehmen. In dem Maße aber, als der Glaube sich an der eschatologischen Verheißung orientiert, werden die Christen jetzt schon unter den gegebenen politischen Verhältnissen ein Stück der neuen Schöpfung Gottes – Freiheit, Frieden und Versöhnung – verwirklichen.

# Anhang zur Neuauflage 2014

Deine Toten werden leben!

Heinrich Missalla

# Weltkriege: Verpasste Chancen der Kirche?

Vortrag beim Katholikentag
in Regensburg 2014

## *Einleitung*

Die katholische Kirche hat während der beiden Weltkriege unter politischem Aspekt zu keinem Zeitpunkt eine bemerkenswerte Rolle gespielt. Benedikt XV. wurde ein Monat nach Kriegsbeginn zum Papst gewählt. Für seine Haltung zum Krieg wie auch 25 Jahre später für die von Pius XII. galten von Anfang an drei Orientierungspunkte: strikte Neutralität, caritative Hilfsmaßnahmen z. B. für Flüchtlinge und Gefangene, der Ruf nach Frieden und Versöhnung. Die Päpste verzichteten auf jegliche Schuldzuweisung, um ihre begrenzten Handlungsmöglichkeiten nicht zu gefährden. Benedikt XV. sagte jedoch in damals seltener Eindeutigkeit, dass der Krieg eher eine »Schlächterei« (trucidatio) sei als ein Kampf. Schon in seiner Antrittsenzyklika vom 1.11.1914 rief er die Regierenden zu einem Verhandlungsfrieden auf. Durch seine späteren Appelle zog er sich den Vorwurf zu, seine Friedenspredigt lähme die moralische Widerstandskraft gegen den (ungerechten) Angriff des Feindes bei den (eigenen) Katholiken. Die päpstlichen Bemühungen blieben erfolglos, auch sein letzter Appell vom 1. August 1917, in dem er den Krieg ein »unnützes Gemetzel« (inutile strage) nannte.

*Die Katholiken im Kaiserreich*

Im deutschen Reichsgebiet lebten im Ersten Weltkrieg etwa vierundzwanzig Millionen Katholiken. Sie waren eine beträchtliche Minderheit gegenüber etwa vierzig Millionen Protestanten, aber sie lebten in den industriell weniger produktiven Regionen, verspürten teilweise noch Nachwirkungen des Kulturkampfs und mussten im preußisch dominierten Reich ihre nationale Zuverlässigkeit beweisen. Der Kriegsausbruch bot ihnen dazu Gelegenheit. Dasselbe kann man auch von den Katholiken in den anderen europäischen Ländern sagen, und der Heilige Stuhl hat sich bis 1914 nicht ernsthaft bemüht, gegen die damals allgemeine Tendenz der europäischen Katholiken, sich von der nationalen Strömung mitreißen zu lassen, energisch vorzugehen. Die Universalität der katholischen Kirche blieb ohne jede Bedeutung.

Die Katholiken waren in den führenden Schichten und Gremien des Reiches nur spärlich vertreten, sie waren „Untermieter" im deutschen Reich. Der Einfluss auf die Politik und auf das Heerwesen, auf die Wissenschaft und auf die Wirtschaft war minimal. Es gab nur weniges aus dem katholischen Bereich, was im außerkatholischen Raum Beachtung fand. Der Kulturkampf im 19. Jahrhundert hatte unter anderem zur Folge, dass ein beträchtlicher Teil des deutschen Volkes kein rechtes Verhältnis zum Staat gewann und sich den wachsenden Aufgaben in Staat und Gesellschaft nur ungenügend stellte. Ein Grund für eine solche distanzierte Haltung vieler Katholiken mag darin gelegen haben, dass das neue Kaisertum der Könige von Preußen sich als Antithese zu den katholischen Habsburgern in Wien bewusst und betont evangelisch gab und auch so verstanden wurde. Dabei kam es teilweise zu einer gefährlichen Gleichsetzung von evangelischem Bekenntnis und Hohenzollernmonarchie, von deutsch und protestantisch, von katholisch und reichsfeindlich oder national wenig zuverlässig. So konnte der Zentrumspolitiker Matthias Erzberger sagen: »Dem Katholiken im Reiche ergeht es wie Deutschland in seiner Außenpolitik: nur Neider und Feinde, auch Hohn und Spott.« Durch einige päpstliche Äußerungen, auf die seit der Verkündigung des Unfehlbarkeitsdogmas besonders geachtet wurde, fühlten sich zudem die Liberalen herausgefordert und erhielten jene Gruppen neue Argumente, welche »die katholische Religion als undeutsch und vom Ausland bestimmt, hingegen den Protestantismus allein als national zuverlässig« ansahen (Hans Buchheim).

Der innerkirchliche Konflikt über die Frage des Verhältnisses von Theologie und Kirche zur modernen Welt – der sog. Modernismusstreit – führte zu erheblichen Verunsicherungen im Episkopat, beim Klerus und unter den Laien. Anderseits war er der Anlass zu einer weitgehenden Konformität mit der staatlichen Gewalt, weil man dem Verdacht begegnen wollte, das gesamte Denken und Verhalten der Katholiken werde von Rom aus ferngesteuert. Obwohl man die Zentrums-Partei nicht mit den Bestrebungen des Katholizismus identifizieren darf, ist es doch wohl erlaubt, in ihr einen breiten Strom damaliger katholischer Vorstellungen repräsentiert zu sehen. Der Trend der Anpassung des Zentrums an die Reichspolitik zeigte sich z.B. in der Zustimmung zum Flottengesetz und dessen »fast chauvinistischer Verteidigung«. Man darf darin eine Folge des Bemühens sehen, nach den vielfältigen Verdächtigungen hinsichtlich ihrer Reichstreue die eigene Zuverlässigkeit in nationalen Belangen darzutun und unter Beweis zu stellen. (Dieser Faktor kann gar nicht schwer genug gewichtet werden, spielt er doch für das Verhalten der Katholiken bis in den Zweiten Weltkrieg hinein eine ungemein wichtige Rolle.) Die nationale Idee des Deutschtums schien zumindest für eine gewisse Zeit zu triumphieren. Der Drang der deutschen Katholiken nach nationaler Integration ließ die Universalität der Kirche immer mehr in den Hintergrund treten. Die katholischen Abgeordneten im Reichstag praktizierten, was häufig auch in den Kirchen betont wurde – und auch das geschah noch unter Hitler: man wollte sich an nationaler Gesinnung von niemandem mehr übertreffen lassen. Was sich in den Jahren vor dem Krieg abzeichnete, nämlich die Hinwendung zur nationalstaatlichen Idee, erreichte während des Ersten Weltkriegs seinen Höhepunkt. Einmütig bejahten die Katholiken den Krieg und erhofften sich von ihm und den in ihm erbrachten Opfern ihre endgültige nationale Rehabilitation. Doch diese Erwartung war nur ein Motiv, sich wiederholt zu einer »starken Monarchie« zu bekennen. Bischof Michael von Faulhaber, der auch Feldpropst der bayerischen Armee war, predigte: »Nach meiner Überzeugung wird dieser Feldzug in der Kriegsethik für uns das Schulbeispiel eines gerechten Krieges werden.«

## Die Katholiken im Krieg

Als die deutschen Truppen im Juli 1914 unter dem Jubel der Bevölkerung, dem Läuten der Glocken und oft auch unter dem Segen und den Gebeten der Kirche zum Kampf ausrückten, ahnte niemand, dass knapp ein Jahr später Papst Benedikt XV. diesen Krieg ein »Morden« und »Gemetzel« nennen und von einem »entsetzlichen Blutbad«, von »Wahnsinn" und vom »Selbstmord des zivilisierten Europa« sprechen würde. Die Begeisterung, mit der viele Menschen – nicht nur in Deutschland – vor 100 Jahren den Beginn des Krieges begrüßten, ist heute kaum mehr verständlich. Schier unbegreiflich ist das, was in den Kirchen zu diesem Krieg gepredigt wurde.

Bischöfe wie Michael von Faulhaber oder Paul Wilhelm von Keppler, bekannte Professoren wie der Alttestamentler Norbert Peters oder der Dogmatiker Engelbert Krebs sowie viel gelesene theologische Schriftsteller wie Otto Karrer oder Peter Lippert haben einmütig dem Krieg und dem Vaterland eine religiöse Weihe verliehen. In der damals vom Klerus am meisten gelesenen Predigtzeitschrift schrieb ein bekannter Autor viermal auf einer Seite: »Der Kaiser ruft – Gott ruft«.

Das Werbeblatt eines großen katholischen Verlages ist kennzeichnend für eine weit verbreitete Stimmung und Beurteilung des Krieges: »Kriegsgeist durchrauscht das alte Europa, Morsches verjüngend und kräftigend. Dieses Geistes Kanal und Kleid beut sich hier.« Innerhalb kurzer Zeit waren eine Fülle von Büchern und Broschüren mit Kriegspredigten auf dem Markt.

Ein halbes Jahr nach Kriegsbeginn gab es 112 katholische Titel von Kriegsschriften mit religiösem Charakter, davon 62 Predigt- und 50 Kriegs- und Soldatenbücher asketischer Art – ohne die Zeitschriftenliteratur, »die nun allesamt auf den Krieg einge- stimmt« war. Auf protestantischer Seite waren die entsprechen- den Veröffentlichungen dreimal so hoch, in der Tonlage standen sie den katholischen Publikationen in keiner Weise nach. Was zunächst als absonderliche Auffassung des einen oder anderen Geistlichen erscheinen oder was uns heute vielleicht wie eine skurrile Blütenlese vorkommen mag, ist in Wahrheit fast durch- gängig gelehrt und gepredigt und mit dem Anspruch kirchlicher Verkündigung in Hirne und Herzen der Gläubigen gepflanzt worden.

Die Prediger erlebten den Krieg zunächst als einen Durch- bruch elementarer Kräfte in einer müde und kraftlos geworde- nen Zeit, als einen unerwarteten Anstoß zu religiöser und mora- lischer Neubesinnung. Sie jubelten, weil die Kirchen über Nacht wieder gut besucht wurden, weil sehr viele Menschen die Sa- kramente empfingen und wieder beteten: »Was kein Bußprediger, keine Mission fertiggebracht hat, das ist dem Krieg mit einem Schlag gelungen; er hat aus gottvergessenen Weltkindern hilfe- suchende Gotteskinder gemacht!« So wurde der Krieg »Deutsch- lands größte Zeit«, »heilige Zeit« und »Zeit der Gottesnähe« ge- nannt. Er sei der »Tag, den Gott gemacht« hat, eine »Zeit der Gnade«. Weil man überall eine religiöse Umkehr zu erkennen glaubte, zitiert man das Wort Moltkes, der Krieg sei ein »Element der von Gott eingesetzten Weltordnung«, durch das die Men- schen vom Bösen weggeführt und in ihrem Charakter geformt würden. Und: »Ohne den Krieg würde die Welt im Materialis- mus versumpfen.« In ihm entwickelten sich »die edelsten Tu- genden«: Mut und Entsagung, Pflichttreue und Opferwilligkeit.

Nicht wenige sahen darüber hinaus im Krieg eine Offenba- rung Gottes, der nun »sehr vernehmlich ... mit Kanonendonner, mit Blut und Eisen« durch die Welt gehe. Bischof von Faulhaber verglich den Krieg mit der »Erscheinung des Herrn im Dorn- busch, die uns lehrt, vor dem Heiligtum in Ehrfurcht die Schuhe von den Füßen zu ziehen«, und er berichtete von einem Offizier, der »das Feuer der Schlacht« als zweite Taufe erfahren habe. Einer der produktivsten Autoren bezeichnete den Krieg gar als ein Sakrament und er fragt: »Was sind alle Glockengeläute und Hochamtsorgeln gegen den Donner der Kanonen und das Krachen der Mörser?«

Wohlgemerkt: Der Krieg wurde nicht begrüßt und gefeiert, weil man ihn liebte. Im Krieg sah man vielmehr ein unerwartetes Mittel, eine kaum mehr für möglich gehaltene religiös-sittliche Erneuerung Deutschlands und der Welt einzuleiten. Bischof von Faulhaber war der Meinung: »Die schwerste Niederlage in diesem Weltkrieg ist der Kreditverlust des Atheismus und anderer fremden Götter von ähnlichem Kaliber.« Bei solcher Sichtweise ist es nicht mehr verwunderlich, wenn ein Prediger sich zu der Äußerung verstieg: »Gerade unsere Mutter, die Kirche, begrüßet von Herzen den großen eisernen Besen.«

Bei dieser Erneuerung der Welt spielten Deutschland und Österreich nach der Meinung zahlreicher Autoren eine entscheidende Rolle, denn diese Länder galten vielen als die im Grunde einzigen Vertreter der alten christlichen Kultur. Frankreich war für die Prediger dekadent und gottlos, England korrupt. Gott bediene sich Deutschlands als seines Werkzeugs, und der erwartete deutsche Sieg erscheint als ein Sieg des Guten, der Gerechtigkeit, des Christentums, Gottes selbst. »Wie auf den katalaunischen Feldern das Schicksal der Kultur des Altertums gegen die Hunnen entschieden wurde, so wird jetzt gestritten um das Geschick der christlichen Kultur und damit um die Zukunft der Menschheit in heißem Ringen gegen das mit dem Barbarentum der Kultur verbündete Hunnentum der Gottlosigkeit.« – »Für die alten Gebote vom Sinai gegen die Höllensittenlehre der Moderne aus dem Jenseits von Gut und Böse für Gott gegen Satanas! Darum siegten die Waffen (unserer Gefallenen; H.M.), darum werden sie weiter siegen. Unser Herrgott regiert die Welt und nicht der Teufel.« »›Gott mit uns‹, dieser Ruf ist geradezu die Form und die Losung der deutschen Kriegführung geworden.«

Wenn es wirklich um die Zukunft der Menschheit geht, wenn wirklich die Ordnung Gottes auf dem Spiel steht, dann ist der Gedanke nicht mehr fern, Deutschland habe einen Kreuzzug zu führen: »Es ist ein heiliger Krieg, in den unsere Krieger hineingerissen wurden, denn er steht im Einklang mit dem heiligen Willen der Gottheit.« Was aber kann ein religiöser Mensch anderes tun als sich der Sache Gottes zu verschreiben? Muss er nicht im Kampf um Gerechtigkeit und für die Erneuerung der Welt bewusst und mit allen Kräften sich einsetzen?

Ordnung und Gerechtigkeit, das Gute und der Wille Gottes werden durch Deutschland repräsentiert, Frankreich hingegen steht für Unmoral, Unzucht und Gottlosigkeit. »Der westliche Nachbar hat es seit langem mit frecher Stirn gewagt, Gottes heilige Gesetzestafeln zu zerbrechen; darf er sich beklagen, wenn ihn nunmehr das Schwert des göttlichen Strafgerichtes zu Boden schmettert?« Bischof Keppler ließ die »toten Helden« zum Volk sprechen »über die verbrecherischen Versuche, das deutsche Wesen zu verseuchen durch welsche Art und Mode, durch Einschleppung einer fremdländischen giftigen Literatur, durch würdeloses Nachäffen ausländischer Kunstnarrheiten. Wir haben mitgeholfen, Deutschland von dieser Pest zu befreien.«

Die Beschreibung des vermeintlichen Siegesweges »nach Paris mit seinem Firnis sogenannter Freiheit über einem Pfuhl der Gott und Sittenlosigkeit« erfährt noch eine letzte peinliche Pointierung. »Die freigewollte Einschränkung der Kinderzahl ließ Frankreich gegenüber dem Deutschen Reich immer ohnmächtiger werden ...« Frankreichs Heerführer riefen nun vergebens nach Reservetruppen. »Die Liebe zur Keuschheit entscheidet vielleicht zu dieser Stunde über die Geschicke der Völker Europas ...« Diese Stunde sei der Triumph der deutschen Mutter, denn Frankreich habe keine Kinder, seine Grenzen zu schützen. Die Kirche habe durch ihren oft verlachten Kampf gegen den Geburtenrückgang geholfen, dem Vaterland »seine schier unerschöpflichen Reserven an Soldaten« zu schaffen. Dafür sollte »Deutschland für ewige Zeiten der katholischen Kirche dankbar sein«. Der deutsche Kaiser hingegen sei – so Bischof Faulhaber –

in diesem Kampf »der gottbestellte Führer, diese erzstarke Herrschergestalt mit dem goldenen Herrschergewissen, dieser Reinwuchs deutscher Kraft diese mystische Verkörperung soldatischer Edelart«.

Da die Katholiken – wie bereits gesagt – im protestantisch dominierten eine Minderheit darstellten und als national unzuverlässig galten, gab der Krieg willkommenen Anlass, den Gegenbeweis anzutreten und damit die schmerzlich empfundenen protestantischen Vorurteile endgültig auszuräumen, Katholiken seien mehr romhörig denn deutsch. Die französische antideutsche Propaganda – und dabei besonders die literarischen Attacken französischer Katholiken – waren weitere Anlässe, die eigene Reichstreue zu betonen. Die zahlreichen Hinweise in den Predigten auf die Treue und Zuverlässigkeit der Katholiken gegenüber Kaiser und Reich, auf das dem Vaterland dienende Wirken der Priester und auf die positiven Auswirkungen kirchlicher Arbeit auf das sittliche Bewusstsein des Volkes verdeutlichen das Bemühen um den Nachweis, dass auch die Katholiken gute Deutsche seien.

Die Zuverlässigkeit gegenüber Kaiser und Reich zeigte sich vor allem im Gehorsam gegenüber der Obrigkeit: »Wir behaupten, dass die Katholiken zu den besten und treuesten Untertanen gehörten und noch bis zur Stunde gehören.« – »Wer als Soldat nicht gehorchen wollte, wäre ein Verräter, ein Verbrecher an der Kraft und an der Festigkeit und am Siege des deutschen Volkes und Heeres. Kameraden! Wahret diese heiligsten Güter des glorreichen deutschen Heeres, seid treu im Gehorsam! ... Jesus, unser Feldherr, lehre uns gehorchen!« Der Gehorsam nahm in der Rangordnung der Tugenden eine dominierende Stellung ein, er wurde gewissermaßen zum Kennzeichen des echten katholischen Christen. So konnten die deutschen Bischöfe noch 1917, als sich bereits allgemeine Kriegsmüdigkeit ausbreitete, zum Fest Allerheiligen in einem gemeinsamen Hirtenbrief sagen: »Wir wissen ja, daß jeder, der sich der obrigkeitlichen Gewalt widersetzt, sich der Anordnung Gottes entgegenstellt, und die sich dieser entgegenstellen, ziehen sich selber die Verdammnis zu.«

In den Obrigkeiten spiegelte sich »gewissermaßen das Bild der göttlichen Macht und Vorsehung über den Menschen«, man musste für sie beten, aber vor allem musste man ihnen gehorchen. »Wenn wir dem Staat gehorchen, gehorchen wir Gott. Denn Gott hat den Krieg befohlen.«

Den Priestern als den amtlichen Vertretern der Kirche wurde im Krieg eine besondere Aufgabe zugedacht: »Uns Priestern war die Hebung der Volkskraft, die Erhaltung der Volksexistenz, die Bewahrung der Schlagkräftigkeit der Armee am Herzen gelegen, vor allem die Tugendbewahrung um Gotteswillen.« Man war stolz, auf das erfolgreiche Ergebnis priesterlichen Wirkens verweisen zu können: »An einem Volke, das wie die deutschen Katholiken sich in der Mobilmachung bewährt hat, wird aller Pessimismus zuschanden. Gott sei Dank: ganz umsonst haben wir Priester nicht gepredigt.« Ein anderer Autor stellt voller Genugtuung fest: »Selbst von militärischer Seite ist anerkannt worden, daß die Geistlichen durch ihr Wirken und ihre Ansprachen die Truppen in der Vaterlandsliebe bestärkten und in ihnen den Vorsatz befestigten, treu und fest bis zum Ende durchzuhalten.«

So wurde auf vielfältige Weise die Wirksamkeit und Nützlichkeit der »Religion« für den Staat und seinen Krieg dargelegt. Das geschah wohl – wie gesagt – in der Hoffnung auf eine endgültige Rehabilitation des Katholizismus, vielleicht auch aus dem Wunsch, für die Tätigkeit der Kirche in der Nachkriegszeit eine günstige Ausgangsposition zu schaffen.

Diese Mischung aus Rechtfertigung und Verherrlichung des Krieges, Sanktionierung der bestehenden Ordnung und Verpflichtung zum Gehorsam, nationalistischer Blickverengung, Verharmlosung des Todes, Spiritualisierung des Friedens und einer verfälschenden Deutung göttlichen Handelns dürfte in der Geschichte der Kirche einmalig sein. Der gute Wille und die persönliche Integrität der Prediger haben ebenso wenig wie ihre »Rechtgläubigkeit« verhindert, dass sie die Gläubigen einen Weg gewiesen haben, den wir nur als verhängnisvoll bezeichnen können.

Mit dem Krieg war eine Welt zusammengebrochen, Staaten waren verschwunden, neue waren gegründet – auf die Theologie und das kirchliche Leben hatte der Krieg keine erkennbaren Auswirkungen: man lehrte und machte weiter wie bisher, als hätte es die Kriegskatastrophe nicht gegeben, blind für die Zeichen der Zeit, taub für prophetische Stimmen, die vor den Gefahren des Nationalismus und des Militarismus warnten. Die zahlenmäßig kleine Gruppe, die sich im »Friedensbund deutscher Katholiken« zusammenfand und die eine beachtliche friedensethische und friedenspolitische Arbeit leistete, konnte keinen nennenswerten Einfluss auf das kirchliche Leben und auf die Politik gewinnen.

### Die Kirche im NS-Staat

Im Artikel 21 des Reichskonkordats von 1933 hat sich die katholische Kirche verpflichtet, „die Erziehung zu vaterländischem, staatsbürgerlichem und sozialem Pflichtbewusstsein aus dem Geist des christlichen Glaubens- und Sittengesetzes mit besonderem Nachdruck zu pflegen." Einen Kommentar zu dieser übernommenen Verpflichtung liefert das von Erzbischof Conrad Gröber »mit Empfehlung des Gesamtepiskopates« 1937 (und 1940 in zweiter Auflage) herausgegebene »Handbuch der religiösen Gegenwartsfragen", das »bei Wahrung der kirchlichen Grundsätze die weitestgehende Annäherung an den herrschenden Zeitgeist versuchte« (Hürten). Dort ist u.a. zu lesen: »Unsere Zeit geht mit Recht darauf aus, die blutleere, entwurzelte, außerhalb der Bindungen stehende Geistigkeit des Liberalismus und Marxismus zu überwinden. ... Daher wird katholische Erziehung nachdrücklich alle Bestrebungen unterstützen, die darauf abzielen, einen gesunden, starken, geschickten, leistungsfähigen Menschen heranzuziehen. Sie steht positiv zu einer gesunden Erb- und Rassenpflege... Noch mehr als früher wird sie das Leben in den natürlichen Ordnungen zum Gegenstand ihrer Bemühungen machen: ... die Erziehung zum deutschen Menschen mit seinen Grundeigenschaften des

Heldischen, des Kämpferischen, der Aufgeschlossenheit für Ehre und vor allem der opferfrohen Einsatzbereitschaft für die Gemeinschaft. Sie stellt sich damit freudig in den Dienst der nationalpolitischen Erziehung; sie sieht im Einsatz für Heimat, Volk und Staat eine zuletzt religiös begründete Verpflichtung.« Es gibt keinen Anlass für einen Zweifel daran, dass diese Aussagen auch nach mehrjähriger Erfahrung mit der Nazi-Herrschaft ernst gemeint waren.

Die dreißiger Jahre galten weithin auch im katholischen Bereich als »Zeit der Umwälzung«, als Zeit der »nationalen Erhebung«, der »nationalen Revolution« und der »großen Entscheidungen«, in der gerade von katholischen Christenmenschen die »freudige Mitarbeit an der Erneuerung unseres Volkes« gefordert war. Soweit man sich als junger überzeugter Katholik zur Kirche bekannte, galt der Wahlspruch: »Für Christi Reich im neuen Deutschland!«, ebenso die »Sturmparole: Alles für Deutschland, Deutschland für Christus!« Die Jugendlichen lernten: »Das sind immer die Größten und Edelsten gewesen, die sich opfernd hingaben für ihr Volk! So wie der Heiland ... starb, damit wir leben können«, wie er »täglich sein Heldenopfer auf dem Altar erneuert!« Wenn sich die Kinder den »Gotteskämpfer« Sankt Michael »mit Panzer und Schild, mit Helm und Schwert« zum Vorbild nähmen, würden sie »auch keine Feiglinge werden, wenn das Vaterland euch ruft, das Volk zu schützen«. Und die Kinder hörten im Religionsunterricht: »Deutschland muß leben, auch wenn wir sterben müssen.«

Viele waren stolz darauf, in einer »Schicksalsstunde« leben zu dürfen. Angesichts der »Bedrohung des christlichen Abendlandes« ging es um »Sein oder Nichtsein«, um den »Abwehrkampf« gegen den gottlosen Bolschewismus, der die »Fackel der Verwüstung von Rußland bis Spanien getragen« hatte. Die Katholiken waren auch durch die Kirchenzeitungen eingestimmt auf den Kampf gegen diesen Feind, in dessen Herrschaftsbereich »Kirchen und Klöster niedergebrannt, Priester und Ordenspersonen ermordet, die Werke der Kultur vernichtet« wurden; sie erfuhren durch ihre Bischöfe: »Es war ein merkwürdiges Zusammentreffen: Am Vormittag des 14. September ging der Heilige Vater ... mit dem Bolschewismus ins Gericht, und am Abend des gleichen Tages hielt der Führer des

Deutschen Reiches auf dem Parteitag in Nürnberg ... ebenfalls Abrechnung mit dem Bolschewismus«. Darum hielten die meisten Katholiken es für selbstverständlich, was ein Bischof schrieb: »In der gegenwärtigen Schicksalsstunde unserer Nation stellen sich die Leiter der Kirche in besonderer Treue an die Seite der Männer des Staates, entschlossen zur Abwehr des gemeinsamen Feindes. Indem sie für das Christentum und den echten Gottesglauben im deutschen Volk kämpfen, stützen sie auf ihre Weise am wirksamsten den Wall, den in unserem Vaterlande der Führer gegen den Bolschewismus aufgeworfen hat.«

Im Kopf eines jungen Katholiken, der nur selten kritisch zu sehen und zu denken gelernt hatte, schmolzen diese Vorstellungen, Ereignisse und ihre Deutungen zusammen und führten zu einer vermeintlich klaren Frontbildung: hier die heilige katholische Kirche, die seit ihren Anfängen bis zur Gegenwart kämpfte und litt für Gottes Reich, dort ihre Feinde, die seit jeher nur ein Ziel hatten: den Kampf gegen Gott und Christus und die Vernichtung seiner Kirche. Vor diesem Hintergrund sangen die Jugendlichen mit Überzeugung: »Wir stehn im Kampfe und im Streit ...«; »Uns rufet die Stunde, uns dränget die Zeit. Zu Wächtern, zu Rittern hat Gott uns geweiht"; „Wer jetzig Zeiten leben will muß hab'n ein tapf'res Herze...« Die Bilder des Bamberger Reiters, des Erzengels Michael oder des heiligen Georg im Kampf mit dem Drachen, die viele junge Menschen über ihren Betten oder in ihren Zimmern hängen hatten, erinnerten Tag und Nacht daran, dass sie in einer Zeit lebten, in der Soldatentum und Kämpfergeist, Ritterlichkeit und Heldenmut geboten waren, aber auch daran, dass alle, die sich für die Sache Gottes einsetzten, seines Schutzes sicher sein durften.

Das verbreitete Familienbuch mit dem Titel »Helden und Heilige« stellte den Gläubigen vor, wem es nachzueifern galt. Zu diesen Vorbildern zählte auch Prinz Eugen von Savoyen, in dem »sich katholische Frömmigkeit aufs Beste paart mit heldischer Größe«; denn er stand »auf der Wacht ... gegen einen Feind, der aus dem asiatisch Endlosen herüberkommt und mit schweifender Unruhe auf das deutsche Herz zielt«. Er und viele andere galten als Beweise dafür, dass die Lehre des Christentums die Widerstandskraft des deutschen Volkes nicht schwächt – wie es die Nazi-Propaganda unterstellte –, sondern dass im Gegenteil »die katholischen Glaubenswerte dem jungen Menschen stärkste seelische Kraftströme für sein Soldatentum vermitteln«.

Die katholische Jugend der 30er Jahre wurde – über die damals alltägliche Propaganda und über die in den Schulen und den nationalsozialistischen Jugendorganisationen praktizierte Erziehung hinaus – zu großen Teilen geprägt von den in katholischen Kreisen geläufigen Vorstellungen, die zwar den parteiamtlich verordneten ideologisch-weltanschaulichen Erziehungszielen zuwiderliefen, sie aber in einigen – für das Funktionieren des Systems entscheidenden – Elementen unterstützten und religiös überhöhten: Gehorsam und Treue gegenüber der Obrigkeit, Zuverlässigkeit sowie Einsatz- und Opferbereitschaft. Die kirchentreuen Jugendlichen wurden durch ihre Seelsorger zwar gefeit gegen jene Propaganda, der zufolge das Christentum eine artfremde Religion sei, den germanischen Menschen lebensuntüchtig und krank mache und ihn seiner Kraft beraube. Doch weil sie im Gegenteil unter Beweis stellen wollten, dass Katholiken besonders zuverlässig, mutig und tapfer seien, wurden sie allzu willige Diener eines Systems, das sie verabscheuten und von dem sie sich innerlich distanzierten, das sie aber gleichzeitig unbeabsichtigt durch ihren »Dienst« stabilisierten und dessen Verbrechen sie durch ihren Einsatz mit ermöglichten.

### Die Bischöfe und der Krieg

Bereits im Reichskonkordat von 1933 wurden Regelungen für den Kriegsfall vereinbart. Die Militärseelsorge wurde eine Einrichtung der Wehrmacht, dem Feldbischof wurde der Generalsrang zuerkannt, die Militärseelsorger hatten Offiziersrang und verfügten über einen Pkw mit Fahrer. Bis zum Kriegsende wurde die Militärseelsorge bis zur letzten Kerze durch die Wehrmacht finanziert, auch wenn die Tätigkeit der Seelsorger immer mehr durch einschränkende Bestimmungen behindert wurde. Bis 1942 verfügte jede Division über einen Seelsorger, insgesamt sind es über 600 gewesen, darüber hinaus waren etwa 15.000 Priester und Diakone als Soldaten im Krieg.

Kurz nach Beginn des Krieges trafen sich in Berlin Vertreter der Wehrmachtsseelsorge und des Deutschen Caritasverbandes, um ihre Arbeit aufeinander abzustimmen. Dabei forderte der Generalvikar der Wehrmachseelsorge: »Unsere gesamte Arbeit muss im Dienst des deutschen Siegeswillens stehen.« Die deutschen Bischöfe ordneten an, dass am Ende jeder heiligen Messe ein Gebet »für Führer, Volk und Vaterland« zu verrichten sei. Das katholische Feldgesangbuch enthielt ein »Gebet für Führer, Volk und Wehrmacht«, in dem es hieß:

»... Lass uns ein heldenhaftes Geschlecht sein und unserer Ahnen würdig werden ... Segne die deutsche Wehrmacht, welche dazu berufen ist, den Frieden zu wahren und den heimischen Herd zu schützen, und gib ihren Angehörigen die Kraft zum höchsten Opfer für Führer, Volk und Vaterland. – Segne besonders unseren Führer und Obersten Befehlshaber in allen Aufgaben, die ihm gestellt sind. Lass uns alle unter seiner Führung in der Hingabe an Volk und Vaterland eine heilige Aufgabe sehen, damit wir durch Glauben, Gehorsam und Treue die ewige Heimat erlangen im Reiche Deines Lichtes und Deines Friedens. Amen.«

Dem Bischof von Münster zufolge ging es in diesem Krieg darum, »einen Frieden der Freiheit und Gerechtigkeit für unser Volk zu erkämpfen«; Bischof Gröber von Freiburg forderte »letzte Hingabe an Vaterland und Volk«. Von allen deutschen Bischöfen wurde den Soldaten am 26.6.1941 gesagt, dass sie mit ihrer Pflichterfüllung »nicht nur dem Vaterlande dient(en), sondern zugleich dem heiligen Willen Gottes folgt(en)«. Bischof Sproll von Rottenburg rief den Soldaten zu, es sei ihre Pflicht, »für das teure Vaterland siegreich zu kämpfen oder mutig zu sterben«. Bischof Machens von Hildesheim rief: »Erfüllt eure Pflicht gegen Führer, Volk und Vaterland ... unter Einsatz der ganzen Persönlichkeit«; der Krieg werde vom Feind »gegen das Recht des deutschen Volkes auf seine Freiheit« (Bistumsblatt Hildesheim) und »für eine gerechte Verteilung des unerläßlichen Lebensraums« (Bistumsblatt Breslau) geführt; es sei ein »Kampf mit jener alten Vormacht des unbarmherzigen Kapitalismus – mit England« (Bistumsblatt Freiburg).

Bischof Berning von Osnabrück ließ die Christen »beten, daß Gott uns den Sieg verleihe«. Erzbischof Gröber hatte Vertrauen in die, »die Deutschland mit Gottes Hilfe zu seiner sieghaften Größe führen«. Die Gläubigen, so Bischof Kaller aus dem Ermland, hätten ihre »ganze Kraft einzusetzen, daß der endgültige Sieg unserem Vaterland gesichert werde«; darum »stehen wir treu zu unserem Führer, der mit sicherer Hand die Geschicke unseres Volkes leitet«. Für Erzbischof Jaeger von Paderborn diente der Krieg der »Bewahrung des Christentums in unserem Vaterland, für die Errettung der Kirche aus der Bedrohung durch den antichristlichen Bolschewismus«. Bischof Kumpfmüller aus Augsburg hoffte »auf baldigen, endgültigen Sieg über die Feinde unseres Glaubens«. Die Bischöfe der Kölner und Paderborner Kirchenprovinz mahnten die jungen Soldaten 1942: »Lasset euch von niemand übertreffen an Opferwilligkeit und Einsatzbereitschaft! Seid treu unserm Volke! Wo immer der Daseinskampf unseres Volkes euren Einsatz fordert, da stehet!« In einer seiner großen Protestpredigten am 20.7.1941 unterstrich der Bischof von Münster die Gehorsams- und Kampfbereitschaft der katholischen Soldaten:

»Gewiß, wir Christen machen keine Revolution! Wir werden weiter treu unsere Pflicht tun, im Gehorsam gegen Gott, aus Liebe zu unserem deutschen Volk und Vaterland. Unsere Soldaten werden kämpfen und sterben für Deutschland: aber nicht für jene Menschen, die durch ihr grausames Vorgehen gegen unsere Ordensleute, gegen ihre Brüder und Schwestern, unsere Herzen verwunden und dem deutschen Namen vor Gott und den Mitmenschen Schmach antun. Wir kämpfen tapfer weiter gegen den äußeren Feind. gegen den Feind im

Innern, der uns peinigt und schlägt, können wir nicht mit Waffen kämpfen. Es bleibt uns nur ein Kampfmittel: starkes, zähes, hartes Durchhalten!«

Der fast völlige Ausfall einer Reflexion des Ersten Weltkriegs in Theologie und Kirche dürfte eine der Ursachen dafür sein, dass die deutschen Katholiken auch 25 Jahre später zwar ohne Begeisterung, aber gehorsam und opferbereit bis zum bitteren Ende ihre vermeintliche Pflicht erfüllten. Und wieder erhielten sie von ihren Bischöfen eine religiöse Deutung ihres Kriegsdienstes: es sei »Nachfolge Christi …, das eigene Leben einzusetzen zur Rettung unseres Volkes«; mit der Erfüllung ihrer Pflicht dienten sie nicht nur dem Vaterland, sondern folgten zugleich »dem heiligen Willen Gottes«. Nach dem Ende der Kriege mussten die derart von ihren Hirten Ermahnten mit ihren schrecklichen Erfahrungen allein fertig werden.

*Nach dem Krieg*

Nachdem fast alle deutschen Bischöfe die Gläubigen zum Gehorsam und zum tapferen Einsatz im Hitler-Krieg und sogar um ein Gebet um einen deutschen Sieg aufgefordert hatten, hat nach 1945 keiner von ihnen öffentlich diese Verirrung eingestanden, geschweige denn die Gläubigen um Entschuldigung dafür gebeten, dass ihnen die Bischöfe falsche Weisungen gegeben hatten. Im Jahr 2000 – 55 Jahre nach Ende des Krieges – haben die Bischöfe in ihrem Wort „Gerechter Friede" (2000) geschrieben, es gelte »eine Kultur des Gedenkens zu fördern, in der auch der Gefahr einer selektiven Erinnerung entgegengewirkt wird«. (Nr. 110) In dieser bisher einzigen vorsichtigen Stellungnahme schreiben die deutschen Bischöfe: »… es stellt sich die Frage nach dem Anteil von Gliedern der Kirche am nationalsozialistischen Krieg, der auf Eroberung, Versklavung und Vernichtung der Nachbarvölker Deutschlands abzielte. Der Charakter dieses vorsätzlich heraufbeschworenen Krieges wurde auch von vielen Christen lange verkannt, seine Dimensionen wurden erheblich unterschätzt.« (Nr. 169)

Bisher ist keine Konsequenz aus der Einsicht gezogen worden: »(Es kann) keinen Frieden zwischen freien Menschen geben ohne die Fähigkeit und Bereitschaft, sich der beschämenden Wahrheit eigener Schuld zu stellen.« (Nr. 116) Soweit mir bekannt ist, hat Bischof Mussinghoff als einziger deutscher Bischof bei einem Besuch in Polen 2009 eingestanden, dass nach dem Sieg über Polen auch an katholischen Kirchen die Glocken geläutet haben.

## Schlussbemerkung

»Mit Christus Brücken bauen« – so lautet das Motto des diesjährigen Katholikentages. In der ersten Hälfte des vorigen Jahrhunderts ist das nicht gelungen, es wurde nicht einmal als Aufgabe gesehen. Vielmehr haben Völker mit einer langen christlichen Geschichte einander zerfleischt. Nach dem Zweiten Weltkrieg haben christliche Staatsmänner wie Adenauer, de Gasperi und de Gaulle einen Neuanfang gewagt und begonnen, den mühseligen Weg der Versöhnung zu gehen.

In einer Zeit, da mancherorts Krieg und Terror (pseudo)religiös begründet und gedeutet werden, scheint eine Erinnerung an diese erst wenige Jahrzehnte zurückliegende bedrückende Phase deutscher Kirchengeschichte angebracht, um eine überhebliche und selbstgerechte Beurteilung fremden Verhaltens zu vermeiden.

Heinrich Missalla, Theologe und langjähriger Geistlicher Beirat von pax christi
(Fotos privat)

# Bücher von
# Heinrich Missalla

## (Auswahl)

*Heinrich Missalla*: »Gott mit uns«. Die deutsche katholische Kriegspredigt 1914-1918. München: Kösel 1968.

*Heinrich Missalla*: Für Volk und Vaterland. Die Kirchliche Kriegshilfe im Zweiten Weltkrieg. Königstein: Athenäum Verlag 1978.

*Heinrich Missalla*: Wie der Krieg zur Schule Gottes wurde. – Hitlers Feldbischof Rarkowski. Eine notwendige Erinnerung. Oberursel: Publik-Forum 1997.

*Heinrich Missalla*: Für Gott, Führer und Vaterland. Die Verstrickung der katholischen Seelsorge in Hitlers Krieg. München: Kösel 1999.

*Heinrich Missalla*: »Nichts muss so bleiben, wie es ist«. Mein katholisches Leben im 20. Jahrhundert. Oberursel: Publik-Forum 2009.

*Missalla, Heinrich*: Erinnern um der Zukunft willen. Wie die katholischen Bischöfe Hitlers Krieg unterstützt haben. Oberursel: Publik-Forum 2015.

# Zu dieser Neuauflage des Buches »Gott mit uns«

Heinrich Missalla, geboren 1926 in der Arbeiterstadt Wanne-Eickel, gehörte von 1986 bis zum Jahr 2000 dem Präsidium der deutschen Sektion der Internationalen Katholischen Friedensbewegung pax christi an. Zwischen 1987 und 1996 ist er auch Geistlicher Beirat unserer Bewegung gewesen. Sein 1968 erschienenes Buch »Gott mit uns«[1] beleuchtet konzentriert und allgemein verständlich die Inhalte der deutschen »römisch-katholischen« Kriegspredigt zwischen 1914 und 1918.

Der für Erkundigungen zum Thema bis heute schier unverzichtbare Titel ist vergriffen. Hundert Jahre nach Beginn des ersten Weltkrieges legt pax christi mit freundlicher Genehmigung des Autors und des Kösel-Verlages diese digitale Neuauflage vor, deren freie Verbreitung ausdrücklich erwünscht ist. – Die Erschütterung über ein düsteres Kapitel der Kirchengeschichte sollte möglichst viele Christen anspornen, eine glaubwürdige Antwort auf die Remilitarisierung der Politik in unserer Gegenwart nicht auf die lange Bank zu schieben.

*Zur Vorgeschichte der Untersuchung*

In seiner Autobiographie schreibt Heinrich Missalla zur akademischen Vorgeschichte des Werkes: »Der Münsteraner Pastoraltheologe Theodor Filthaut hat mit seinen Doktoranden, zu denen auch Franz Kamphaus gehörte, 1966 eine Untersuchung

---

[1] *Heinrich Missalla*: »Gott mit uns«. Die deutsche katholische Kriegspredigt 1914-1918. München: Kösel 1968. – Vgl. als guten Überblick für die protestantische Seite: *Karl Hammer*: Deutsche Kriegstheologie 1870-1918. München: dtv 1974. [Darin auf S. 73-85 auch ein Kapitel »Die katholische Kirche während des Ersten Weltkriegs«.]

durchgeführt, ob, in welcher Weise und in welchem Maße die Predigten in den vergangenen hundert Jahren politisch geprägt waren. Das Resultat sollte in einem Sammelband veröffentlicht werden. Meine eigenen Erfahrungen im Krieg und in der Kriegsgefangenschaft veranlassten mich, das Thema ›Kriegspredigt im Ersten Weltkrieg‹ zu wählen und zu bearbeiten. Das Ergebnis meiner Forschung war überraschend und bestürzend. Es war bekannt, dass evangelische Theologen und Pfarrer sich in ihrer Treue zum protestantischen Kaiserhaus begeistert für den Krieg eingesetzt hatten. Niemand hatte jedoch geahnt, dass auch katholische Priester und Theologen, Schriftsteller und Bischöfe sich ähnlich engagiert und kriegsbegeistert geäußert hatten. Der plötzliche Tod von Theodor Filthaut ließ die Veröffentlichung der gesammelten Aufsätze scheitern. Johann Baptist Metz ermutigte mich jedoch, meinen Beitrag im Alleingang zu publizieren. Die Publikation fand nicht nur in der Bundesrepublik eine breite Resonanz. Das war der Anlass, mich weiter mit diesem Thema zu befassen. Ich hatte allerdings noch keine Ahnung, in welchem Ausmaß die Probleme von Krieg und Frieden mich in den folgenden Jahren beschäftigen würden.«[2]

Sogar der Union-Verlag der Ost-CDU zeigte 1970 Interesse, eine Lizenzausgabe des Buches herauszugeben. Die Vertreterin des DDR-Verlages wünschte jedoch förmlich in letzter Minute eine Änderung. Missalla schreibe auf der letzten Seite, »mit der Predigt vom verheißenen Reich Gottes werde der Blick für eine größere Zukunft frei gemacht, und damit werde gleichzeitig jede bestehende Ordnung als vorläufig, als nicht dauernd, als nicht endgültig infrage gestellt«[3]. Dies, so lautete der Einwand, gelte zwar für das kapitalistische System, nicht jedoch für den entwickelten Sozialismus in der DDR. Der Autor ließ sich auf eine Änderung der Stelle nicht ein, und so kam das Verlagsprojekt nicht zustande.

---

[2] *Heinrich Missalla*: »Nichts muss so bleiben, wie es ist«. Mein katholisches Leben im 20. Jahrhundert. Oberursel: Publik-Forum 2009, S. 110.
[3] *Ebd.*, S. 160.

## Biographischer Hintergrund

Heinrich Missalla musste als junger Katholik selbst Krieg und Kriegsgefangenschaft (bis Juni 1946) miterleben. Seit seiner Entlassung aus dem berühmten, von Franz Stock geleiteten »Stacheldrahtseminar« für deutsche Kriegsgefangene in Chartres hat ihn die Frage nach dem Frieden nicht mehr losgelassen. Wie tief sein Ringen noch nach sieben Jahrzehnten von den Schrecken und Widersprüchen der Vergangenheit bestimmt ist, konnten wir auf dem Katholikentag 2014 beim pax christi-Podium »Weltkriege: Verpasste Friedenschancen der Kirche« auf sehr menschliche Weise spüren.

Die Prägungen des katholischen Milieus zielten auch im »Dritten Reich« auf eine vaterländische Grundhaltung, gespeist u.a. aus frommen Heldengestalten und populären Versatzstücken der sogenannten Reichstheologie. H. Missalla schreibt dazu in seinen Erinnerungen:

Mit dem 15. Februar 1943 – kurz nach dem Ende der Schlacht um Stalingrad – wurde ich gezwungen, bei der leichten Flak-Abteilung 839 als Luftwaffenhelfer anzutreten. Mit 16 Jahren mussten wir Schüler Soldaten ersetzen, die an der Front gebraucht wurden. [...] Wenn ich für einige Stunden »Ausgang« hatte, traf ich mich mit einigen Freunden zu Gesprächen bei unserem Jugendseelsorger. Ich kann mich nicht erinnern, dass der Krieg jemals problematisiert oder dass darüber gesprochen wurde, dass im Krieg getötet wird. Das Wichtigste war nicht das fünfte, sondern das sechste Gebot. (Nach 1945 schien sich für lange Zeit auch in diesem Punkt nicht viel geändert zu haben. Eine der ersten hektographierten »Arbeitsskizzen« des Bundes der Deutschen Katholischen Jugend »für die Arbeitskreise der Vorbereitungsaktion« für den 1956 wieder eingeführten Wehrdienst lautete »Die Laterne vor der Kaserne. Wehrdienst und die Beziehung der Geschlechter«.) Das Hauptanliegen unseres Vikars schien darin zu bestehen, uns auf die Kirche stolz zu machen und unser katholisches Selbstbewusstsein zu stärken – was ihm bei mir zweifellos gelungen ist. Es gab für uns keinen Zweifel, dass Deutschland bedroht wurde und dass wir als Deutsche und zumal als Katholiken unsere Pflicht gegenüber unserem Vaterland zu erfüllen hatten, schon um verleumderischen Angriffen der Nazis auf die Kirche den Boden zu entziehen. Neben dem schon erwähnten Merksatz gab es einen anderen: Ein katholischer Junge lässt sich von niemandem an Tapferkeit übertreffen. Zur Mahnung und Erinnerung daran hatten viele von uns über ihren Betten ein Bild des Bamberger Reiters, von Sankt Georg oder von Sankt Michael hängen – Bilder der Tapferkeit und des Kampfes gegen das Böse. Michael war zudem seit Jahrhunderten der Schutzpatron der Deutschen. Diese Einstellung war wohl vor allem die Reaktion auf das Bemühen der NS-Propaganda, Kirchen und Christentum als schwächlich und dekadent darzustellen. Demgegenüber wurde in der katholischen Jugend der Stolz auf das Christ- und Katholischsein gestärkt: Uns brauchte niemand zu erzählen, was es heißt, gut deutsch zu sein. Wir wussten, wer den Germanen die Kultur gebracht, wer den deutschen Osten besiedelt und dort die Dome gebaut hatte.

Das Wort »Reich« hatte eine seltsame, fast magische Wirkung auf meine Fantasie: Da gingen Gottesreich und Christi Reich, Heiliges Römisches Reich deutscher Nation und »Drittes Reich« ineinander über. Für uns war »Christus Herr der neuen Zeit«, und was jetzt noch nicht christlich, ja sogar heidnisch geprägt war, das würde ihm eines Tages dienen. Jetzt war nur eines wichtig: Dass wir tapfer und treu unsere Pflicht erfüllten, gleichgültig, was um uns herum passierte. Und je unbegreiflicher im Verlauf des Krieges alles Geschehen wurde, umso wichtiger war der Glaube: Gott wird alles zum guten Ende führen. Mir kommt es vor, als sei der Glaube an die Bedeutung des »Opfers« und die Möglichkeit einer Art von sakramentaler »Wandlung« auch der Geschichte nie so stark gewesen wie in jenen Jahren: Wenn wir nur treu sind und auch in den schwierigsten Situationen des Krieges und der

Gefangenschaft uns »bewähren« – Bewährung war das in der katholischen Jugend vielleicht am häufigsten gebrauchte Wort –, wenn wir unser Leben und Schicksal Gott anbieten, wird er es annehmen und verwandeln wie das eucharistische Brot. Unser Opfer – das war meine, unsere Überzeugung – war nötig für die Neuwerdung Deutschlands.[4]

*Nachfolgende Forschungen für die Zeit des zweiten Weltkrieges*

Doch wie reimte sich dies alles etwa zusammen mit dem Wissen, dass die Nationalsozialisten die Juden verfolgten, unbequeme Katholiken und Leutepriester ins Konzentrationslager oder unter das Fallbeil schickten ...? Heinrich Missallas Erinnerungen zeigen, dass man auf mysteriöse Weise an einer Unterscheidung zwischen dem obersten Kriegsherr der deutschen Wehrmacht und dem Führer der »Feinde Christi« festhielt – ohne dies letztlich irgendwie begründen zu können:

Erst später habe ich erfahren, dass Hans Niermann, der letzte Reichsführer der »Sturmschar« – dem profiliertesten Verband junger katholischer Deutscher vor seiner Auflösung –, der kurz vor Ende des Frankreichfeldzugs gefallen ist, von seinen Kameraden auf einem weißen Betttuch auf die Stufen des Altars einer französischen Kirche gelegt worden ist – nach seinem Selbstverständnis ein Opfer für ein neues Deutschland. Auch später habe ich im Gespräch mit älteren Priestern immer wieder erfahren, wie sehr für sie der Glaube bestimmend gewesen ist, Gott werde auch das wandeln, was wir nicht mehr zu durchschauen vermögen, sofern wir nur unsere »Pflicht« tun und uns »bewähren«. Dieser Glaube führte zu einer großen Gelassenheit und ließ alle schwierigen äußeren Umstände des Soldatenlebens und der Gefangenschaft leichter ertragen; waren doch Hunger, Krankheit und Todesgefahr

---

[4] *Ebd.*, S. 47 und 52-53.

»nur« das leibliche Leben betreffende Faktoren, die das »Eigentliche«, den Glauben an und das Verhältnis zu Gott, nicht tangierten.

Das Thema »Politik« wurde sowohl unter den Luftwaffenhelfern als auch später beim Militär gemieden. Es gab gelegentlich Äußerungen wie: »Der wird abgeholt, dich holen sie auch.« Es gab also ein irgendwie geartetes Wissen um mysteriöse und gefährliche Vorgänge, bei der die Geheime Staatspolizei, die Gestapo, eine beängstigende Rolle spielte. Aber es blieb immer bei Andeutungen und allgemeinen Redewendungen. Es herrschte das Gefühl vor, sich bei diesem Thema auf unsicherem und heiklem Gelände zu bewegen, und niemand traute sich, Fragen zu stellen. Ich habe mich selber oft gefragt, was hier im Spiel war, habe aber keine eindeutige Antwort gefunden. Ich wusste, dass die Nazis gegen Juden, Christentum und Kirchen waren, und darum konnte ein Christ kein Nazi sein. Aber der Einsatz für Deutschland und der Dienst in der Wehrmacht hatte für mein Empfinden mit der Partei nichts zu tun, und diese Ansicht fand sich bei vielen Soldaten auch lange nach dem Ende des Krieges. Erst während der Kriegsgefangenschaft dämmerte mir, dass diese Unterscheidung zwischen dem Nein zur Partei und dem Ja zur Wehrmacht konstruiert war, vielleicht, um sich nicht der bitteren Realität stellen zu müssen, aus der man keinen Ausweg sah. Denn die Wehrmacht war Hitlers Wehrmacht, der Krieg war sein Krieg, und wenn wir auch die HJ-Armbinden von unseren Uniformen entfernten – wir trugen trotzdem Hitlers Uniform.[5]

Gehorsam gegenüber der staatlichen Obrigkeit und Gehorsam als erste Soldatentugend, diese beiden Punkte waren gleichsam Bestandteile des Katechismus; auch die Wahnidee eines christlichen Opfertodes[6] auf den Schlachtfeldern wurde von nieman-

---

[5] Ebd., S. 53-55.
[6] Vgl. hierzu *Herbert Koch*: Der geopferte Jesus und die christliche Gewalt. Düsseldorf: Patmos 2009.

dem hinterfragt. Daran hatte sich nach 1918 nichts geändert. Auch deshalb müssen wir – sieben Jahrzehnte nach Niederwerfung des Faschismus – von den Abgründen »deutsch-katholischer« Kriegstheologie und Kriegsassistenz in *zwei* (!) Weltkriegen sprechen. Heinrich Missalla wollte den Widersprüchen seiner zutiefst kirchlich geprägten Jugendzeit auf den Grund gehen. Er hat als Theologe den ganzen Komplex in drei weiteren Büchern dargestellt. Seiner gründlichen Untersuchung zur »Kirchlichen Kriegshilfe«[7] im zweiten Weltkrieg stehen eine Dokumentation der Schriften von »Hitlers Feldbischof« Franz Justus Rarkowski[8] und die Erschließung ausgewählter »Briefe von katholischen Theologen und Predigttexte von Kriegspfarrern aus den Jahren 1940 bis 1944«[9] zur Seite. Diese Arbeiten basieren auf der Überzeugung, dass es am allerwenigsten uns Christen gestattet ist, die historische »Wahrheit« zugunsten geschönter Selbstbilder (»Kirche als Religion«) unter den Tisch fallen zu lassen.[10] – Je

---

[7] *Heinrich Missalla*: Für Volk und Vaterland. Die Kirchliche Kriegshilfe im Zweiten Weltkrieg. Königstein: Athenäum Verlag 1978.

[8] *Heinrich Missalla*: Wie der Krieg zur Schule Gottes wurde. – Hitlers Feldbischof Rarkowski. Eine notwendige Erinnerung. Oberursel: Publik-Forum 1997.

[9] *Heinrich Missalla*: Für Gott, Führer und Vaterland. Die Verstrickung der katholischen Seelsorge in Hitlers Krieg. München: Kösel 1999. – Vgl. ebenfalls H. Missallas Vorwort in *Hans Prolingheuer / Thomas Breuer*: Dem Führer gehorsam: Christen an die Front. Die Verstrickung der beiden Kirchen in den NS-Staat und den Zweiten Weltkrieg. Oberursel: Publik-Forum 2005, S. 154-157.

[10] Man denke allein an die mörderische Verfolgung von ungezählten polnischen Priestern und Laien, die direkt nach Hitlers Angriff gegen Polen einsetzte. Als diese Verbrechen, die der Weltkirche doch nicht verborgen blieben, ins Werk gesetzt wurden, läuteten an deutschen Kirchen die »Siegesglocken«! – Noch 2009 hatte H. Missalla Anlass zu folgenden Feststellungen: »Was das Verhalten der Kirche im Krieg angeht, so haben die Hierarchen bisher jegliche Stellungnahme verweigert; erst recht gibt es kein Eingeständnis, dass die Kirche den Hitler-Krieg durch ihre Aufforderungen an die Gläubigen und insbesondere an die Soldaten, tapfer und opferbereit ihre ›Pflicht‹ zu erfüllen, unterstützt hat. Sie halten es in dieser Hinsicht mit einigen ihrer Vorgänger, die schon 1946 erklärt hatten: ›Soll eine innere Gesundung des Volkes angebahnt werden, so muß alles, was an Gestapo, Konzentrationslager und ähnliche Dinge erinnert, aus dem öffentlichen Leben verbannt werden. Sonst greift eine innere Vergiftung Platz, die einen moralischen und religiösen Aufstieg aufs äußerste erschwert, wenn nicht unmöglich macht.‹ Das hier geforderte Verschweigen, Vergessen und Verdrängen wurde

frömmer ein Kirchenhistoriker ist, desto radikaler sollte er bei der Erhebung der Fakten das Handwerk des kritischen Geschichtswissenschaftlers betreiben.

*Kirchengeschichte und Gegenwart*

Die »katholische« Kriegsassistenz im ersten Weltkrieg wurde in unserem Land ausgeführt von Bischöfen, Universitätstheologen, Seelsorgern, Politikern, Kulturschaffenden[11] und sogenannten einfachen Laien. (Gleiches gilt für den Beistand zugunsten der Kriegsführung Adolf Hitlers.) Nach 1918 gab es deutsche Katholiken, die – unter dem Eindruck der Botschaften und Friedensinitiativen von Benedikt XV. stehend – einen grundlegend neuen Weg einschlagen wollten und Brücken für ein neues Europa bauten.[12] Doch sie waren aufs Ganze gesehen eine kleine Minderheit und hatten zur Spätzeit der Weimarer Republik längst wieder das Gefühl, gegen eine Mauer anzurennen.

In einer Erklärung vom 23. Juni 2014 schreibt unser pax christi-Präsident Bischof Heinz Josef Algermissen:

---

auf das eigene Verhalten im Krieg ausgeweitet, denn dieselben Bischöfe hatten noch vier Jahre zuvor die Gläubigen aufgefordert: ›Mit der ganzen Autorität unseres heiligen Amtes rufen wir auch heute wieder zu: Erfüllet in dieser Kriegszeit eure vaterländischen Pflichten aufs treueste! Lasset euch von niemanden übertreffen an Opferwilligkeit und Einsatzbereitschaft‹.« (*Heinrich Missalla*: »Nichts muss so bleiben, wie es ist«. Oberursel 2009, S. 201-202.)

[11] Vgl. dazu exemplarisch die erschreckenden Befunde im Werk von zwei prominenten westfälischen Katholiken (Wagenfeld, Wibbelt) in *Peter Bürger*: Plattdeutsche Kriegsdichtung aus Westfalen 1914-1918. Karl Prümer – Hermann Wette – Karl Wagenfeld – Augustin Wibbelt. = daunlots. internetbeiträge des christinekoch-mundartarchivs am museum eslohe. nr. 50. Eslohe 2012. www.sauerland mundart.de (Wagenfeld polemisierte geradezu gegen Benedikt XV.; Wibbelt verschwieg der Sache nach die päpstlichen Friedensinitiativen und pflegte leidenschaftliche Feindseligkeit gegenüber christlichen Pazifisten.)

[12] Vgl. *Dieter Riesenberger*: Die katholische Friedensbewegung in der Weimarer Republik. Düsseldorf: Droste 1976. – Eine gute Übersicht zu den Friedensbemühungen von Benedikt XV. bietet *Martin Lätzel*: Die Katholische Kirche im Ersten Weltkrieg. Zwischen Nationalismus und Friedenswillen. Regensburg: Pustet 2014.

[...] Im August 1914 zogen die deutschen Truppen unter dem Jubel der Bevölkerung und dem Läuten der Glocken zum Kampf aus. Dieser Weg in den Krieg wurde in Deutschland von kirchlicher Seite unterstützt, mitunter von offener Begeisterung begleitet. Obwohl die katholische Kirche wegen ihres universalen Charakters stets Distanz zum Nationalismus des 19. Jahrhunderts gehalten hatte, traten besonders am Anfang des Weltkrieges Bischöfe, Priester und Gläubige in großer Zahl an die Seite derer, die den Krieg als moralische und geistige Erneuerung begrüßten. Wir wissen heute, dass die Kirche damit Schuld auf sich geladen hat. – Zudem versuchte die Moraltheologie, die Vorstellung von soldatischem Gehorsam, Opferbereitschaft und Pflichterfüllung bis in den Tod klar zu umreißen und in den Menschen fest zu verankern. Diese Auffassungen wurden auch durch die grausamen Erfahrungen des Krieges später zunächst nicht in Frage gestellt. [...] Wir müssen aus heutiger Sicht erkennen, dass erst die Erfahrungen des Ersten Weltkriegs und damit zusammenhängend auch des Zweiten ein stärkeres Engagement der Kirche für den Frieden und eine Abkehr von der Rechtfertigung von Kriegen begründete. Im Wort »Gerechter Friede« aus dem Jahr 2000 schrieben wir katholischen deutschen Bischöfe: »Die schrecklichen Erfahrungen der beiden Weltkriege haben in unserer Gesellschaft ein geschärftes sittliches, besonders auch friedensethisches Bewusstsein wachsen lassen, das wir als wertvolles Erbe auf Dauer bewahren wollen.« Im Hinblick auf diese Einsicht ist heute zu erkennen und zu bekennen, dass sich damals Bischöfe in ihrer Verkündigung und theologischen Billigung des Krieges geirrt und verirrt haben.[13]

Die durch den kirchlichen Beistand für zwei Weltkriege aufgeworfenen Fragen betreffen u.a. die Überhöhung des Kriegstodes

---

[13] *Die Katholiken und der Erste Weltkrieg.* Erklärung des pax christi-Präsidenten Bischof Heinz Josef Algermissen, Fulda, zum Beginn des Ersten Weltkriegs vor 100 Jahren. Berlin/Fulda, 23.06.2014. http://www.paxchristi.de/meldungen/view/5910711175741440/Die%20Katholiken%20und%20der%20Erste%20Weltkrieg

in einer abstrusen Opferlehre (Kriegsmartyrium), den angeblich von Gott angeordneten Gehorsam gegenüber der staatlichen Obrigkeit, die Kreation von Feindbildern unter Missbrauch des Namens Gottes sowie die Verquickungen von Theologie und Verkündigung mit nationalkirchlichen, parteibezogenen, staatlichen (bzw. nationalen) oder auch ganz persönlichen Interessen. Nach den Schlachtfeldern des 20. Jahrhunderts und dem erneuten Totalbankrott des Programms »Krieg« in den letzten Jahrzehnten ist im binnenkirchlichen Raum immer noch nicht der Eindruck ausgeräumt worden, die Pazifisten unterlägen einem objektiv irrenden Gewissen und stünden – trotz ihrer Berufung auf das kirchliche Zeugnis der ersten drei Jahrhunderte – eigentlich im Widerspruch zur »amtlichen Lehre«. Mit welcher theologischen oder erfahrungsbezogenen Berechtigung lässt sich dieser Eindruck eigentlich weiter aufrechterhalten und wie geht die Sache mit dem Paradigma »Gerechter Friede« zusammen?

Geradezu gotteslästerliche Traktate – von keiner Glaubenskongregation beanstandet und sehr oft mit Imprimatur versehen – hatten die kirchlichen Druckereien in großer Zahl verlassen. Mitnichten sind am Ende lediglich eine jeweils zeitbedingte »Verweltlichung« einzelner Kirchenvertreter unter Staatsbesoldung oder Irrtümer auf säkularen Nebenschauplätzen zu beklagen. In theologischer Hinsicht ist vielmehr das »Herz« der Kirche betroffen! Die Gläubigen vertrauten in zwei Weltkriegen darauf, dass sie im Raum der verfassten Kirche Weisungen für eine authentische Nachfolge Jesu erhalten. Doch kann eine nationale Kriegskirche, wie sie durch die historischen Forschungen ansichtig wird, noch Kirche Jesu sein? War die Katholizität der nationalen Kriegskirchlichkeit – trotz Tabernakel und Weihrauch – überhaupt noch gegeben? Welche Konsequenzen wären bezogen auf die Theologie von der Kirche und die Verfassung der Kirche zu ziehen? In welcher Aufarbeitungspflicht stehen – hinsichtlich ihrer Vorgänger – nicht nur die Bischöfe (als Kollegium), sondern z.B. auch die Vertreter des organisierten »Katholizismus« (die sogenannten Laiengremien) und nicht zuletzt die Hochschullehrer der Theologie?

Der rechte Dank.

Die Erschütterungen, die sich aus dem Blick in die Kirchengeschichte ergeben, »schreien« geradezu nach unserem Zeugnis
und einer glaubwürdigen Praxis in der Gegenwart: Werden wir
Christen wirksam – in Wort, Tat und Symbol – als Anwälte der
Charta der Vereinten Nationen wahrgenommen, die seit 1945
das Zivilisationsprojekt einer Ächtung des Krieges beurkundet?
Wo erklären sich die Kirchen mit vernehmlicher Lautstärke zu
geostrategischen und ökonomischen Zielvorgaben[14] in Militärdoktrinen, die sich mit keiner Friedensethik in der ganzen
christlichen Ökumene rechtfertigen lassen – aber auch nicht ver-
einbar sind mit Verfassung und Völkerrecht? (Stehen im Hintergrund der höflichen Zurückhaltung vielleicht auch wieder frag-
würdige Politisierungen oder gar Parteipolitisierungen?) Was ist
zur Rede von sogenannten »humanitären Militärinterventionen«
zu sagen angesichts von Rüstungsbudgets, die die zivilen Fonds
für humanitäre Hilfen um ein Zehnfaches übersteigen, und angesichts der in diesem Zusammenhang hartnäckig verleugneten
»Responsibility to Feed« gegenüber den Hungernden der Erde?

---

[14] Freie Märkte, freier Warenfluss, freie Handels- und Seewege, gesicherte Ener-
gie- und Rohstoffversorgung, Abwehr von Migranten aus den armen Erdregio-
nen usw. (kurzum: »nationale Wohlstandswerte und Interessen«).

Wo bleiben die – seit Ende des Kalten Krieges verweigerten – Investitionen in Wissenschaften, Logistiken und Infrastrukturen des Friedens? Wie lange noch darf die verfasste Christenheit warten mit einem kategorischen Einspruch gegen den Todeskomplex der Rüstungsexporte, gegen das Fortdauern atomarer Bewaffnung und gegen die rasanten Weichenstellungen für eine militärtechnologische Revolution, deren totalitäre Dimensionen (allsehend, allgegenwärtig, allmächtig, allherrschend, allrichtend) offen zutage liegen und die nach Plan ein Weltklima der Angst herbeiführt?

In all diesen Fragen ist gerade die Kirche in Deutschland nach den Abgründen von zwei Weltkriegen und angesichts des Wohlstandes in unserem reichen Land herausgefordert, ihre *Katholizität* unter Beweis zu stellen. Franziskus, Bischof von Rom, erklärt zu einem globalen Wirtschaftsapparat, der über Leichen geht: »Damit das System fortbestehen kann, müssen Kriege geführt werden, wie es die großen Imperien immer getan haben. Einen Dritten Weltkrieg kann man jedoch nicht führen, und so greift man eben zu regionalen Kriegen.«[15] Die Zeichen der Zeit dürfen wir nicht noch einmal überhören.


Im Herbst 2014         Peter Bürger


---

[15] Zitiert nach *Franziskus kritisiert Wirtschaftssystem als »unerträglich«*. In: Süddeutsche, 13.06.2014. http://www.sueddeutsche.de/panorama/papst-franziskus-kritisiert-wirtschaftssystem-als-unertraeglich-1.1999274

# Namenregister

Das nachfolgende Register folgt der Erstauflage von 1968, ist also nicht durch weitere Namen (neuer Anhang) ergänzt worden.

# Es droht eine schwarze Wolke
## Katholische Kirche und Zweiter Weltkrieg

Herausgegeben von Peter Bürger.
Im Auftrag von: pax christi – Internationale
Katholische Friedensbewegung / Deutsche Sektion e.V.
336 Seiten, 5 Abbildungen, Gebunden, Preis 16,80 €
Verlag: Donat, Bremen 2017.
ISBN-10: 3943425703, ISBN-13: 9783943425703

Das "Erinnern um der Zukunft willen" bleibt eine drängende Aufgabe.
Der Band "Katholische Kirche und Zweiter Weltkrieg" mit Texten
von 14 Autoren eröffnet Einblicke in neuere Forschungen und bietet
zugleich als Lesebuch Orientierung zu wichtigen Fragestellungen:

Wie und in welchem Ausmaß unterstützten Theologen, Gemeindepfarrer,
Militärseelsorge, Bischöfe und Kirchenpresse die Kriegsmaschinerie?
Ging man in der Kirchenleitung von einem sogenannten "gerechten" oder
gar "heiligen" Krieg gegen den "gottlosen Bolschewismus" aus?
Warum leisteten gerade Regimegegner der verbrecherischen Kriegsführung
des NS-Rassenstaates so viel Beihilfe und predigten Gehorsam?

Ungehorsam waren nichtkonforme Laien und Priester – darunter mutige
katholische Soldaten. Die Beispiele von Verweigerungen gegenüber
dem Morden offenbaren, dass die Kirche 1933-1945 nicht nur aus dem
"Spitzenpersonal" bestand. Texte zur Geschichtserinnerung, zum
christlichen Umgang mit Mediengewalt sowie zur Diskussion über
Militärdoktrinen münden in eine Vision für das dritte Jahrtausend:
Der zivilisatorische Ernstfall drängt zum Zeugnis
für die Einheit der menschlichen Familie auf der Erde.

Mit Beiträgen von: Holger Arning, Thomas Breuer, Peter Bürger,
Josef Fleischer, Anton Grabner-Haider, Hubertus Halbfas,
Georg D. Heidingsfelder, Jakob Knab, Heinrich Missalla, Martin Röw,
Thomas Ruster, Michael Schober, Wolfgang Stüken, Wolfram Wette.

# John Dear
## Ein Mensch des Friedens und der Gewaltfreiheit werden
### Ausgewählte Aufsätze und Reden

Übersetzt von Ingrid von Heiseler,
ausgewählt und herausgeben von Thomas Nauerth,
mit einem Vorwort von Peter Bürger

edition pace 1

168 Seiten; farbige Abbildungen; Taschenbuch; Preis 6,99 €
Norderstedt: BoD 2018 – ISBN: 978-3-7460-8898-3

Der katholische Priester John Dear ist einer der populärsten Botschafter des gewaltfreien Weges in den USA. Als Autor und Friedensarbeiter wirbt er in der Begegnung mit vielen Menschen für ein entschiedenes Christsein:

"In diesen dunklen Zeiten ist unsere Aufgabe einfach: die Wahrheit sagen, gegen Krieg und Ungerechtigkeit Widerstand leisten, Gewaltfreiheit üben, den Armen beistehen, alle Menschen lieben, beten und die Vision einer neuen Welt ohne Krieg, Armut und Atomwaffen aufrechterhalten. Wir sind berufen, dem gewaltfreien Jesus auf der Straße des Friedens zu folgen."

Aufgrund seines zivilen Ungehorsams wider das Imperium todbringender Mächte wurde John Dear mehr als 75 Mal inhaftiert; seine längste Haftstrafe belief sich auf acht Monate Gefängnis. Von seinen über 30 Buchveröffentlichungen liegen Übersetzungen in zehn Sprachen vor.

Mit dem vorliegenden Sammelband erschließen Thomas Nauerth (Herausgeber) und Ingrid von Heiseler (Übersetzerin) erstmals eine repräsentative Textauswahl für das deutschsprachige Lesepublikum.

# edition pace

Die hier mit einem 2. Band fortgesetzte *edition pace*,
initiiert von Thomas Nauerth und Peter Bürger,
erschließt Quellentexte, Inspirationen und Forschungsbeiträge
zu folgenden Themenschwerpunkten:

Kultur der Gewaltfreiheit und des Friedens;
Persönlichkeiten, Spiritualität und Praxis
des gewaltfreien Widerstands;
Friedenstheologie, Kritik der Kriegsreligion;
Kirchliche Friedenslehren und Geschichte des
religiös motivierten Pazifismus;
Ökumenische und interreligiöse Lernprozesse
in der Bewegung für Gerechtigkeit, Frieden und
Bewahrung der Schöpfung.